當愛情出

遊走刀鋒的外遇

陳海倫心橋顧問公司總裁 **陳海倫** 著

序

我寫這本書的目的，並不是要談「外遇」好不好，或批判到底誰對誰錯。我們之所以要把它拿出來討論，因為這是一個人生不能不明白、不能不面對的情況。

正所謂「人生如戲」。既然要玩遊戲，就要知道遊戲規則，要懂得如何去面對障礙；若是抱著碰運氣的投機心理，最後一定會迷失了自己。

許多人或許會這樣想：

「他一定不會這樣對我。」

「我才不會做這種事。」

其實，這些都是無知的假設。如果夫妻真的有一方遇到了外遇，另一方才說：

「既然他這樣對我，就離婚吧！」

「他背叛我就是不愛我，那就算了……」

這些也是非常幼稚的想法，也顯示出根本不了解什麼是愛情。

人生，貴在了解。只要藉著學習，一切都會更美好、更進步。永遠沒有過不去的關卡，只有想不想要進步的意願。

序

我主張「戀愛是結婚以後的事」，因為甜美的愛情，是一輩子都要持續創造的事。即使在一開始，愛情只是一株小樹苗，只要努力不懈地經營下去，總有一天它會成為綠葉成蔭的大樹，庇蔭著彼此的幸福。這樣的美麗，連神仙也會羨慕。

我只是個女人，我為愛情站台，我為愛情等候，我為愛情而活著，只為了美。問世間什麼最美麗？當屬愛情最美。愛情並不是女人的專利，男人的愛不亞於女人，愛情需要男女共同攜手創造。

願天下有情人，終成眷屬。

心橋顧問公司總裁　陳海倫

目錄

第五章

第六章

目錄

前言

外遇與品格

外遇是一個非常具有刺激性的話題。

當你打開電視，翻開報章雜誌，常會見到許多學者或專家很認真地把外遇拿來當成一個「問題」來討論，想要研究它、分析它、解決它。這些理論到底有沒有必要？實不實用？正不正確？如果有這麼認真的精神，真的可以說是為了做學問而做學問，政府應該頒獎給這些人才對。

不過，這些對我來說，真的沒什麼好去做研究的。因為外遇本身並不是一個「問題」——它不必存在，也沒有什麼價值可言。

外遇是人生中的一種遊戲。至於要玩還是不玩，完全是看個人——讓咱們這麼來說吧：並不是每個人都要買過春、吸過毒品、混過黑道或是有過外遇，才算是不枉此生，是嗎？

外遇，是品格出了問題

外遇不是一個「問題」。但不可否認的是，它會製造許多問題！

人生有許多五花八門的陷阱。的確，每個人都希望能夠活得精彩萬分，但也不必矯枉過正地說：沒有蹲過苦牢的就不算混過江湖，沒有經過大風大浪的感情就不算真正的愛過等等。這些風花雪月的生活，最多不過算是個人的興趣或選擇，等到真的身陷其中之後，才會發現它並不見得那麼有趣。至於有些鼓吹要走偏鋒的言論，其實都沒有任何的可信度，也沒有什麼好去討論的。

會發生外遇，是一個人心中那把「品格」的尺有了問題。當品格出了問題，就像心中那把尺的度量刻度不對了，不管怎麼去量，最後的結果都是錯的！

這表示一個人的不夠穩定，個性上有弱點，不清楚自己的人生要什麼，自己在幹些什麼事，容易受環境影響，也是不夠成熟、不了解何謂生存的一種產物。

基本上，這是一個責任感的問題。外遇的案例裡，沒有絕對的對或錯，但會不會外遇只是個選擇，完全是個人的決定。我們心中都知道，要不要選擇生存的路，完全在於

個人。你可以決定發生或是不發生，是否要把品格放進你的行為裡？或者乾脆把道德品格放一邊，先上了再說？這才是會不會有外遇的真相。

你「沒辦法」、「忍不住」、「受不了」，無法控制就是身上有弱點，或是你的修為不夠，不堪一擊；那些不都是你個人的事嗎？所以，那就叫品格的事。

你可以犯錯，但不該一錯再錯！

外遇，到底理由是為了什麼？每個人的情況不太一樣。有人是因為迷惑、因為寂寞、因為禁不起引誘，或為了好奇、為了真愛、為了證明自己還行、為了不會被發現、為了抗議、為了孤注一擲、為了傷害對方、為了蹂躪自己、為了自爽、為了管它去死、為了把人生弄得一團糟、為了丟臉、喪盡天良，或是為了一時痛快……。

好，這些理由都算。但不管怎樣，外遇都不可能是為了婚姻美滿、家庭幸福，是嗎？

忠於自己所選擇的對象，忠於自己的愛人，這才是婚姻裡的基本態度，愛情的基本原則。

人只要活著，就得要看目標、看未來，為自己的幸福站台，為眾人的快樂著想，對上一代有交待，對下一代有責任。除了為自己爭取幸福的同時，也得顧及到別人的感覺——當然，在某些觀念衝突的時刻，並不容易做到。

所以，我一再的提倡：一定要活到老，學到老！努力地讓自己進步成長，這樣就會找到自由快樂與幸福！

外遇這種事情，在婚姻裡就是一種不照遊戲規則走、不按牌理出牌的「犯規」動作。犯錯是人之常情，畢竟人非聖賢，孰能無過？有時你自己會犯錯，你也得學會接受別人犯錯。但是，這並不代表可以一錯再錯，或是盲目地接受另一個人的死性不改。

要外遇幾次才能改？要發生多少次出軌才不再原諒？這些事情，沒有人能夠幫你決定，因為這是你的人生，你必須自己主宰，你來當判官，所有的事都要你說了算。

愛情，與對錯無關

婚姻這門課，需要夫妻兩個人一起修。既然彼此之間有所承諾，兩人有特別專屬的溝通方式，擁有屬於自己的一片天地，當夫妻其中一個人出了狀況，要繼續下去或是要分手，都只有另一個人說了才算，旁人沒辦法也沒理由插手。

所以，當身邊的親朋好友發生這種事情，你不需要替他們擔心、著急，這些問題需要夫妻當事者自己去溝通，自己做決定，不是外人能夠幫忙的——因為這是他們的人生。

品格這件事情，必須個人自己覺悟之後才算數。如果覺悟不了，就算別人怎麼說教，都是沒有用的！

感情並不是用來講道理的。若是真的兩情相悅，兩人都陶醉在愛河裡，根本不必擔心有外人入侵，因為就連一粒沙都無法存在。真正的愛情是堅定不渝、美麗無瑕，只有擁有過的人才會明白——這就是境界的問題。努力往更高的境界去提昇自己，這才是有建設性的修行，唯有進步成長，才是生存的路！

當你用心生活，認真地往幸福快樂的方向前進時，你應該是非常忙碌於生產、創造，生活品質也會隨之提升，而不是整天閒閒沒事幹，想著要如何偷雞摸狗、怎樣去偷情、找刺激。這是兩條截然不同的平行線，永遠不會交錯在一起的！

並不是每個人都有興趣出軌，或一定會不小心掉入外遇的陷阱裡。外遇不是一件人生中必然會發生的事情，也不是必要的生活元素，它只是人們製造出來的一種遊戲，既無聊又沒有特別的價值。至於你所見到、所聽說過關於外遇的激情與狂熱，那是小說、電影裡出現的情境罷了，外遇並不是每個人都必須去修的學分，也不是非得經歷過才算是沒白走這一遭。

你不必經歷它，但應該要了解它

這本書所討論的外遇主題，只是為了讓讀者能夠了解它、面對它，看透這個遊戲是怎麼一回事，讓你的人生旅途更平穩。

就好比去爬一座大山，你不能不帶開山刀，不能不懂怎麼預防毒蛇猛獸侵襲，這些知識你應該要懂。你得知道怎麼用刀、如何野外求生，萬一發生了緊急狀況，遇到毒蛇你死不了，遭遇山難也活得下去，只要做好萬全準備，就可以提高生存的機率。

對於「外遇」這件事，每個人都應該要學習怎麼去面對它——這並非表示你一定得親身經歷，但在感情這條路上，想要安然無恙地登上頂峰，就得有能力去面對、處理所有可能會發生的事情，凡事都要有備無患。

我們不但要懂得享受愛情，要有能力創造、經營，同時也要做好萬全的心理準備及該有的安全措施，雖不必小題大作，卻也不能漫不經心。以保持警覺的平常心去認真過生活，再接再厲的創造出更甜蜜的愛情，將自己的婚姻境界一再提昇。

第一章

大方向，小細節

在正式進入外遇的主題之前，我們先來討論對於愛情至關重要的兩個元素：大方向、小細節。

到底什麼叫做「大方向」？什麼叫做「小細節」？這跟我們的生活，跟我們的感情又有什麼關係呢？

大方向——你所期望的人生

所謂的「大方向」就是你的人生目標，一輩子要走的去向。

舉例來說，我們在服飾店選衣服，或是編輯在挑選封面的設計，或是買新家在挑選房間的裝潢之前，都會有一個大方向——是要挑怎樣的色系？要營造怎樣的感覺？要讓人覺得很溫暖呢？或是要呈現冷冰冰的科技感？是清新素雅、純白無瑕，抑或是五花八門、繽紛熱鬧的樣子？

這種影響整體感的精神主軸，就叫「大方向」。兩人的大方向是否契合，在感情世界裡是非常重要的關鍵。

你生活的風格是什麼樣的形態？

你需要怎樣的感情世界？

你希望和另一個人有怎樣的關係？

你要的人生是什麼樣子？

你是要去競選總統呢，還是寧願選擇在鄉下種菜？

你希望自己是呼風喚雨的職場強人，還是傳統的男主外、女主內，生兩個孩子，簡簡單單的過生活？

這些關於人生的基本條件，就會讓你在挑選對象之前，有一個明確的「大方向」。

現在再用一個簡單的比喻，讓你更清楚什麼是大方向。

某一天的同一個時段裡，有兩個活動分別在進行，分別是爬山跟衝浪。要是你選擇了爬山，爬哪座山並不重要，反正你就是要去爬山，這就是你選擇的大方向。既然你要爬山，要是跟一個想要潛水的人坐同一台車，兩個人要去的方向完全不同，就會合不

來。

感情也是一樣的道理。當你在選擇配偶的時候，你是否想過你要怎樣的婚姻？你希望過的生活是怎樣的形態？這一點非常重要，也是大多數人會搞錯的方向。

你該考慮的，不是一直要去了解對方是什麼樣的人，或是一直想找個怎樣的對象；這個方向一開始就錯了。你應該要先瞭解你自己想要生活的是什麼，再去了解對方是怎樣的人，兩人的大方向才會一致。

當兩邊的大方向有所衝突時，最後一定會出問題。你可以試著這樣想：一個人希望地板是冷冰冰、幾乎可以當鏡子的磁磚，另一個人卻希望鋪上毛茸茸、摸起來很柔軟的地毯，會有怎樣的衝突？連大方向都不一樣了，其他當然沒什麼好談了。

小細節——魔鬼隱藏的地方

至於「小細節」，又是什麼呢？

第一章　大方向，小細節

我們常會聽人說到：「魔鬼就在細節裡。」比起大方向來說，小細節並不是不重要，但是，我們審視它的角度跟大方向是不一樣的。

譬如說，兩塊地毯連接的部位弄得亂七八糟，或是鋪磁磚的時候非常不精緻，那些彎角、黏接處、切割、細縫等等諸多小地方，只要一沒處理好，給人的感覺就會變得非常礙眼，既不雅觀也上不了檯面。

再以化妝作為例子。你可以觀察一些比較粗枝大葉的人，原本腮紅應該抹在兩頰，卻把腮紅抹到眼皮上，搞到眉線都歪掉，像這些小細節不去注意的話，整個妝看起來就會顯得亂七八糟，不入流，不對勁！

小細節所要求的就是「精確」。往往只要誤差 0.1 公分的距離，就會讓人受不了，要是把它搞到一公分，要別人如何能夠接受？

至於在日常生活裡，這些小細節往往存在於待人處世的地方。就好比說，見面道聲「早安」或「晚安」，收到對方的好處，至少應該講一句謝謝，或是主動問對方要不要幫忙提個東西之類的，這些都是小細節。

可是，有時候你以為自己豪放不羈，不拘小節，少講這一兩句話，給人的感覺就會差很多。比方說，你在掛電話前不習慣講「再見」。雖然不過只是少講了兩個字而已，卻因為這兩個字，讓對方的感覺統統都不對了。

所以，生活中的各種小細節所影響的層面廣泛，往往超出了一般人的想像。

大方向相同，小細節加分！

在生活裡面，該怎樣去把大方向跟小細節做一個平衡？有很多吹毛求疵的人，往往過度著眼於這些小細節。譬如說，媽媽非常在意便當盒沒有擦乾淨、碗筷沒有放整齊、抹布沒有吊起來晾乾，或是吃飯不拿紙巾、吃牛排沒用叉子，該放碗的地方卻放盤子，穿的衣服大一號等等。有很多東西是不恰當、讓人不舒服、很難受，這些事情都屬於小細節，她只要看到一次就可以罵你個半小時，搞得兩邊都不愉快。

第一章　大方向，小細節

在感情世界裡，許多人犯的毛病就是過度在意小細節，以為一些小細節就可以代表愛或不愛。這些人的問題在於太矯枉過正，只要有一點蛛絲馬跡，或是抓到一點小毛病不合他的意，就可以拿來大做文章、大鬧彆扭。

沒錯，小細節固然很重要。但如果兩個人的大方向不一樣，小細節的部分不管再怎麼精雕細琢，也是沒有用的！

有許多太太很擅長在生活的小細節裡下工夫。她一直以為自己把家裡的每樣東西整理得這麼好，棉被折得整整齊齊，床鋪洗得乾乾淨淨，家裡隨時都有插花，皮鞋幫老公擦得亮晶晶，所有家務都處理得非常好。可是，這些都屬於小細節。

有不少老公外遇的老婆會說：「我做了這麼多，幫你洗衣服、煮飯、打掃，小孩子把屎把尿養到大……為什麼到了最後，老公還是背叛我？」

為什麼她會有這些抱怨？因為她在小細節上下很多功夫，以為這些事情是人生裡面的 90%，所以她會抱怨自己做了很多事，卻沒有得到先生的認同。

這當中的迷思，到底在哪裡呢？

當大方向是正確的時候，小細節的完美就會加分。但是，當大方向錯誤的時候，不管小細節有多麼地完美，最後還是零分。

這就好比開車，不管你的駕駛技術有多好，只要路線的方向不正確，技術再厲害也是沒屁用的。這是人生裡頭一個非常大的迷思。

有些情侶在各種小細節的表現上頭看似非常貼心，但感情卻並非眾人想像中的那樣順利。也有那種表面看來兩人都粗枝大葉的情侶，許多地方似乎都不是那麼地相配，可是一路吵吵鬧鬧下來，卻也沒發生什麼大礙，為什麼？

在這當中，有個非常關鍵的切入點：你可以觀察他們兩個人的大方向是不是一致。好比說，兩個人要一起去爬玉山。他們的大方向是一致的，所以小細節上有一些出入，就不太重要。你穿錯了鞋子、少拿了杯子，或是乾糧選錯了品牌之類的，這些事都不會嚴重影響兩人的未來，因為只要大方向是對的，小細節可以再修正。

婚後才發現大方向不合，怎麼辦？

結婚之後才發現夫妻彼此的許多觀念南轅北轍，也不必覺得沒希望繼續走下去了，或是非得另外找個適合的對象不可。

其實，每一對情侶或夫妻多多少少都會發現一些觀念不同的事情，沒有任何一對情侶結婚之後是完全契合的。如果婚後沒有發生這些火花，就不是真的在經營感情，因為磨合過程必定會有磨擦。在通過了磨合期之後，伴隨而來的將是一輩子的了解。

磨合是一種學習，讓雙方走進一個共同的世界。在婚姻的世界裡，你佔百分之五十，他就是另外的百分之五十。當然，這個比例並不是絕對的一半一半，但他就是你的另一半，你就是他的另一半，有點像是不管選擇左邊或右邊，總會有一邊比較不舒服，總有一邊比較做不來。

這就像在運動的時候，總會有一些項目是你比較擅長的，但有些運動你就是沒那麼專精。這世界上沒有任何一個運動員可以精通各項運動，沒有任何項目的訓練方式、目標、概念是完全一樣的，一路訓練下來都是通行無阻的，因為人生不可能這樣的一帆風

順，這不是進步成長應該有的心態。

結婚，或許會帶來許多的問題與磨擦。但你認為一個人過生活，就不會有問題、不會跟別人有衝突嗎？你可以這樣想看看：一個人學英文會沒問題嗎？一個人學鋼琴會沒問題嗎？一個人開公司會沒問題嗎？

所以，不必把這件事情刻意擴大成：「怎麼辦？我們有衝突了，好慘啊！」錯！就算是你一個人作研究、寫小說或畫漫畫，都一樣會有問題。結婚後才發現衝突，並沒有什麼大不了的，不必把它刻意凸顯成自己倒了八輩子楣，或是因為這樣所以不要結婚，這都不是正常的態度。

人生有許多事情，都是要做了之後才能有所領悟。你要能夠從中不斷地挖掘這些收獲，這就是活著的樂趣。

就像買了房子後，房子硬體設備都是最頂級的，最後才發現鄰居很喜歡半夜打麻將；好不容易註冊了一間眾人擠破頭在搶的學校，進去之後才發現師資不是自己想像的那樣，或是學校的規定讓人覺得跟坐牢沒什麼兩樣……這一些大大小小的事情，總是要在行動了之後才會有所發現的。若是不身歷其境，不管再怎樣憑空想像，最後都還是會有誤差。

有時候你以為戀愛一定非常美好，等到自己戀愛了才發現並不是自己想像的那樣；你以為離婚一定很痛苦，親身經歷了才發現沒想像中那麼慘。所以，不必一天到晚擔心害怕，認真去面對問題，才是解決之道！

以進步成長作為最終方向

夫妻兩人的觀念本來就會有衝突。當這樣的情況發生之後，有幾個方向是要注意的。

第一個，不要用負面的態度去思考。

當你遇到磨擦，應該要正面地去想：「哎呀，問題了來，真好！」遇到大問題就有大幸福，小問題有小幸福，沒問題當然就沒幸福。

所以，結婚之後發現了問題，這就是人生的功課，就是進步成長的方向。有磨合才會有進步，有衝突才能創造彼此更有革命情感的機會。

發現這一些衝突，兩個人可以坐下來秉燭夜談，坦誠相見，好好地了解兩個人是怎麼想的？接下來可以怎麼做？用非常理智、成熟的態度，為了要走向共同的目標而一起努力。

另外一個重點：你千萬不能奢望一個禮拜、一個月就能把它搞好。你要把它想成是兩年、三年、五年、十年後，可以有什麼程度的進步。夫妻兩個人來自不同的家庭背景，許多觀念都不一樣，彼此的底限在那裡，可以做什麼樣的讓步，大家互相磨合，學習讓彼此的空間能夠更加寬敞，海闊天空。

你不需要消極的認為：「沒辦法，他就是不會改。」也不需要負面地想著一定沒希望了，這個婚離定了，乾脆去外面找對象好了。你要把時間放長，把眼光放遠，把它想成三年、五年後可以改進多少？不管再糟糕的局勢，再糟糕的人，總有一天都會改變。

一定要用積極、樂觀的心態來看待這樣子的事情。你可以坐下來跟另一半好好談談，每一個月至少要談一次，但不能每天談三次，這樣就永遠談不攏。現在牽涉到的觀念改變是長期的大工程，就像堆積木一樣，一點一滴地累積起來。你看著它慢慢改變，看著它更有希望，彼此之間相信對方是會改進的，也相信大家會找到一條更好的路。

觀念有衝突，不需要去過問到底誰對誰錯，而是找到一個方法讓彼此都能夠進步成長，讓自己的情緒度提高，讓自己的胸襟更開闊。同時，你也可以求助一些專家的意見，從外界多吸收一些知識，大家互相探討研究如何找到進步的方法。

你要以進步成長作為人生的最終方向，以這樣的態度把婚姻當成是一種學習，結婚才會有意義，也會變得更有趣。

你的大方向，只是別人的小細節？

為什麼外遇的主題，會特別提到「大方向」、「小細節」呢？因為有很多的感情、婚姻出了大問題，就是在大方向跟小細節上面犯了錯誤。

有時候，我們見到某些人在感情上犯了不可原諒的大錯——像是外遇。沒錯！外遇確實是難以被原諒，但兩個人的問題是出在大方向呢？還是出在小細節？這是你可以仔細思考的事情。

如果夫妻兩人的大方向是不一樣的，那最後的結果一定是完蛋的。但是，最可怕的狀況是有些人所以為的大方向，其實在他人眼裡都只是小細節——咱們換個苛薄一點的講法，就是「胸無大志」。

「家裡如果不鋪地毯，我就要離婚。」

竟然也會有人把不鋪地毯這種事視為離婚的理由。如果你一定要娶她當老婆的話，那你就鋪地毯嘛，如果因為家裡不鋪地毯老婆就要鬧離婚，要是你這麼愛她，那就鋪吧，是不是？什麼事都可以商量的。

要是對方只是堅持這些雞毛蒜皮的事，這些東西是可以讓步的。但是，如果你覺得她根本是瘋子、神經病，鋪什麼地毯？你不能忍受家裡鋪著毛茸茸的一塊地皮，那就準備離婚吧。

這種事情，也不是什麼誰對誰錯的問題，端看你自己可以接受的程度到哪裡，了解自己以什麼作為大方向；如果把重點放在這種地方，那就變成了小細節。

之前的美國總統柯林頓有了外遇，他的老婆希拉蕊還是很有風度地選擇了原諒。但你可以想一想，自己老公有外遇，希拉蕊真的可以完全不在意嗎？當然是氣炸了，而且老公還是美國的元首，簡直是丟臉丟到全世界去了。

但是，若以大方向來說，柯林頓的總統職位還是要繼續幹下去，之後希拉蕊也還要出來競選總統。所以，為什麼希拉蕊會妥協，而沒有選擇離婚？以政治前途來看，兩個人都還有很長的路要走；在這種情況之下，外遇這件事反而變成是小細節了。

當然啦，咱們還是可以把它解釋成：他們是真心相愛，才會選擇原諒。

其實，也不是什麼偉大不偉大，因為「大方向」比較重要。對柯林頓這對政壇夫妻而言，他們的大方向就是還要競選總統，還有政治前途的考量。若是離了婚，這個大方向就完蛋了，彼此也很難再找到資歷相當的對象。

好比說，想要爬山的人已經很少了。你好不容易找到一個要爬山的夥伴，他卻不常

洗澡，全身都發出汗臭，這件事是否那麼重要？既然要一起爬山，就別太在意這些小細節了嘛。

這是一個相對上的問題。你選擇了大方向，小細節的部分只好先忍受下來，後面再想辦法去改善。如果小細節上全都對了——人長得很端正、很體貼、脾氣很好、很有品味等等，但人生的大方向不對盤的話，這些小細節會變得沒什麼重要，沒什麼分數的。所以，你應該要了解大方向的重要性，還有哪些小細節是微不足道的，它究竟有什麼存在的價值——大方向先搞對了，小細節才會有價值。

在這裡提出「大方向」、「小細節」，並不是要告訴你外遇重不重要，這不是我們要討論的重點。你必須要知道自己在婚姻裡的大方向究竟是什麼？才能在小細節上加分。當你深入瞭解這些主從關係之後，在感情、婚姻上的取捨，還有生活態度上才會有重要的改變。

第二章

完美的撕裂

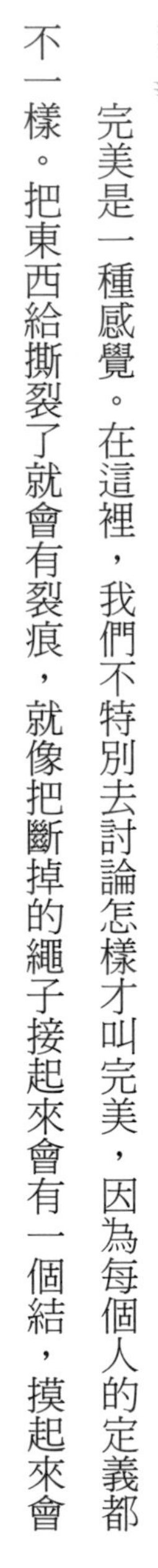

完美是一種感覺。在這裡，我們不特別去討論怎樣才叫完美，因為每個人的定義都不一樣。把東西給撕裂了就會有裂痕，就像把斷掉的繩子接起來會有一個結，摸起來會有一種不順暢的感覺。

有了撕裂，代表著完美不復存在。有的人只要有一點點的不完美，就會擺出一副要去自殺的樣子；不完美是否就真的活不下去了呢？或者是感情被撕裂了，就一定很悲慘嗎？這就看個性了。

就好比說，有些人就算割掉了一隻腳，仍可以樂天知命地活下去；有些重病患者，靠著藥物還是繼續撐下去，不會因為剩沒幾天好活，就乾脆死掉算了。但也有些人，只是因為考試沒考好、失戀、被公司主管責罵，或只是懷疑另一半變了心，就受不了打擊而想要自我了斷。

人生這條路這麼漫長，總會有一些地方不是這麼完美。一定要追求完美的人，勢必得要接受這樣的考驗——完美的撕裂。

有了裂痕，就回不去了

如果你在婚姻裡面有過外遇，原本的完美就會被它撕裂掉了，心裡總是有個疙瘩在。

如果你曾經被人背叛過，或是有人曾經做過對不起你的事情，能不能修補呢？就情感的層面來說，精神上的東西是可以修復的，但是需要非常多的進步成長，才能讓這些撕裂船過水無痕。

愛情不應該是很美麗、很完美嗎？當你有了外遇，甚至還不只一次，這個完美就真的被撕裂了。除非你真的把心態扭轉過來，否則的話，這樣的撕裂會變成永恆的痛楚。

這並不是警告，也不是要讓你害怕。或許，你明明想選擇外遇這條路，但心裡知道這樣的選擇將會造成完美的撕裂，於是，你便將外遇的念頭克制下來。

在世俗的觀念裡，也許這是一個正確的選擇。但你並不是打從內心願意這麼做的，你只是將自己想要出軌的念頭壓抑住。當你帶著壓抑的感覺去愛另外一個人，這樣的感

情已經變質了，不純了。

這種撕裂，若是以物質的世界來比喻，就像一個杯子曾經裂掉過，現在把它破損的地方補回去，它沒辦法像原來一樣地那麼好看。你知道它是裂過的，當摸到修補的地方，還是會有高低起伏、不平整的痕跡。

在感情上，如果你曾經有過外遇，另一半在某些敏感的時候，情緒忽然不對或是醋勁大發，有點像受傷的膝蓋遇到下雨天就會風濕痛，那種撕裂變成揮之不去的陰霾，你可能要一輩子去承受這樣的不完美。

如果你是一個追求完美的人，我會奉勸你不要在感情路上故意挖洞給自己跳，不太值得。既然你追求的是完美，一旦有了裂痕就回不去了。尤其一般人不是這麼努力在持續進步的話，那道裂痕一輩子都不會消失，直到臨終前還是會記得過去的種種遺憾。

這就像毀容一樣。雖然還不到致命的程度，但是臉孔是不完整的，臉上這道疤痕一輩子都會跟著。然而，生活還是得繼續下去，每次照到鏡子就心痛一次，原本完美的身體就被撕裂了。

當你決定要外遇，就好比準備在臉上留一道刀疤。這一道疤，到底要不要劃上去呢？

寧為玉碎，不為瓦全？

我必須提醒你：如果你有了外遇，不只會在自己的臉上留一道疤；在另一半的心裡，同樣也會留下一道傷痕，隨時都有可能引起痛楚。如果你很在意完美，就一定要特別小心。

為什麼當另一半有外遇的時候，有許多人堅持一定要離婚？

這些人認為：反正你背叛了我，既然你劈腿了，我就一定要和你分手。

在婚姻上來說，到底離婚的傷害比較大，還是不離婚傷害比較小？選擇離婚是不是真的比較好？

其實，這答案很難說。你可能會因為離了婚，找到另一個屬於自己的天空。

你有可能察覺不到自己身上的問題，就算再一次踏上紅毯，類似的悲劇還是重覆出現。

不過，也有可能你再也找不到更好的對象，只為了堅持愛情一定要完美，絕不接受對方的背叛——既然他有外遇，那就離婚算了。

難道真的非這樣幹不可嗎？

或許，離婚的時候你只有三十歲。一直到了六十歲，你還是沒辦法找到一個完美的對象，對於離婚的決定感到後悔莫及。

你可以冠冕堂皇地說：「他背叛過我，他有外遇，所以我一定要離婚。」

沒錯，這理由非常地光明正大，不管從法律角度或是社會輿論來看，都可以接受這樣的解釋。可是，這並不代表你一定會比較幸福，也不代表接下來的生活會比較好；更慘的是，你也無法因此證明你們並不相愛。

當另一半有了外遇，你決定放棄他，這就是一個「小細節」的問題——因為從人生的「大方向」來說，要是找不到一個這麼好的對象，是不是最後吃虧的還是自己？這就是耐人尋味的地方。

我並不是要強調一定得要原諒外遇的人，或是外遇最好不要離婚，這些都不是真正的重點。重點是：你這麼堅持要離婚，這麼堅守著完美主義，這樣的態度其實會害了自己，同時也傷害了愛你的人。

你想要的愛情，不應該是很完美的嗎？為了對方一次的外遇就要堅持分開，這樣的堅持所帶來的結果會是什麼？

當然，只要有了外遇，感情世界就不再完美了，因為原本的完美已經被撕裂了。若更進一步來說，這種對於完美的堅持，對人生只會造成更嚴重的不完美。為何有此說法？因為人生的大方向不應該為了另一半的外遇而失焦。

外遇，是個人品格的問題，而不是你拿來衡量人生或做為「大方向」的法則。會造成外遇的那些理由，在婚姻裡本來應該是屬於「小細節」的事，但因為這些小細節而影響到整個大方向都不對了，是否值得？

你當初結婚的大方向，本來應該是為了要組一個家庭，但你為了另一半外遇而選擇

離婚，之後又找不到更好的對象，變成沒有另一半、沒有愛情生活，為了顧此而失彼，反而造成了另一種不完美——你的家庭破碎了，人生的大方向也完蛋了。

另一半有了外遇，你一定會很難受，這是可以理解的。但若決定把人生全部砍掉重練，就像杯子裂了一角就把它整個打碎，自然變成沒有杯子可以用。本來是可以不必打碎的，補一補之後還可以繼續使用，但是為了要追求完美的心態，就選擇「寧為玉碎，不為瓦全」。

怎樣的決定才是最生存的？

對一個家庭來說，丈夫或妻子外遇就等於是一個撕裂。可是，這個家庭還是存在，還是有婚姻，還是有感情，還是有小孩，以後還是要生活。為了這道裂痕就把整個婚姻搞砸了，孩子不能跟爸爸媽媽住在一起，一個家就被完全撕裂了，夫妻兩人的過去、回憶、愛情、未來，也全部都被徹底粉碎了——只因為另一半有了外遇。

我得再次強調，當另一半有了外遇，你並非一定要委曲求全選擇讓步，或是堅持非得離婚不可，要不要離婚並不是真正的重點，而是應該以成熟的態度來看一件事實——這個決定對你來說，是否更生存？

就像房子有些地方沒有蓋好，或是住起來不是這麼舒服，地毯沒鋪好，看起來不太順眼，或是廚房的格局不夠理想，是不是需要把整間房子打掉？在婚姻裡，為了外遇的事情而決定離婚，就有點這種味道。是否需要走到玉石俱焚的這一步？這是有待商榷的。

你應該冷靜地坐下來，大家慢慢思考研究一下，看看最後到底選擇哪一邊比較生存，值不值得因為這樣的一道裂痕，把婚姻完全地撕裂掉？

完美的撕裂讓人感到很痛苦。就像一個美女為什麼臉上會有道疤？或是身材這麼漂亮，怎麼會有這麼難看的胎記？

其實，這些問題究竟是小細節還是大方向，就見仁見智。外遇的問題也是一樣，看看你的大方向是什麼，小細節又是什麼，來決定是否要撕裂，又該怎樣去包容。

若是用物質的角度來看待離婚，就等於是全都打壞掉，不可能再回到過去的完美狀態。但是，若用精神層面的角度去看待這些事情，外遇的裂痕是可以修護的。

其實，生活裡面有很多狀態都不是那麼地完美，就連水果有時候都會有些傷疤，但不是有了疤之後就不能吃了，對吧？有機蔬菜被蟲咬過，賣相或許不是那麼好看，並不代表它就沒有營養，是不是？這也是一個你得要好好思考的問題。

趁著自己能夠理智地研究著這個課題時，你應該思考能不能讓自己再多一些器量，去體會一下怎樣可以在不完美的人生當中，更趨近完美的狀態？什麼樣的心態是成熟的、健康的？什麼樣的心態則是幼稚的、有害的？有些人對於感情抱著吹毛求疵的態度，這種不切實際的完美主義不僅害了自己，也傷害了身邊其他的人。

當你在了解這些問題之後，不需要用壓抑自己的方式，就很自然地不會再發生外遇。至於另一半有外遇的情況發生時，你要用什麼樣的心態去面對？這也是一個非常重要的人生課題。

Q：我的配偶是外遇的慣犯，每次被抓到都說不會有下次了，但依然故我。我不想輕易就離婚，我希望讓他身敗名裂，後悔一輩子。

這很可怕，讓人聽了之後的感覺是你很想報復，甚至不惜跟對方同歸於盡。這樣真的會比較好嗎？奉勸你再仔細想想，這當中有幾個問題可以再討論。

第一個，你提到了他是一個外遇的慣犯。這個訊息也表示，你們每一次的處理跟談判，都沒有談到彼此真正的底限，然後每次抓到他外遇，你可能大鬧一場，或睜一隻眼、閉一隻眼，最後還是選擇原諒，總之就是沒有徹底面對問題。

原諒本來是一種美德。但沒有底限的原諒，會讓對方認為每次都可以越線，然後你也不會離開他。他就是抱著吃定你的心態，因為你不打算離婚，反正你也不敢怎樣，或是不能怎樣。

那當然，也不是遇到這種狀況就非離不可，但兩個人應該要講好，要把底牌亮出來，而不是隨隨便便當作沒事發生一樣。要是他依然故我，可見他並不是真的愛你，你也沒有認真地下工夫去跟他溝通，把雙邊的關係變好。

如果你不希望輕易離婚，在愛情的角度來說，這是一個很好的態度。但是，你有沒有因為不要離婚而改變自己？你有沒有真的進步？有沒有讓對方覺得吸引，讓他覺得喜歡你？你有沒有能力經營你們的愛情？這是你得要思考的。

另外一個重點是：如果你們真的沒辦法在一起，就放愛一條生路吧。

對方是不是也希望跟你離婚？

你是否真的沒有辦法抓住他的心？

他是否就是沒有辦法愛你，沒辦法創造更好的愛情？

在這樣的情況之下，或許你應該考慮離婚。就算不離婚，不管最後要怎樣，都不該讓對方身敗名裂或是後悔一輩子，因為愛情絕對不是拿來報復的。

你不應該想著：「既然我得不到，就一定要讓他毀滅，要讓他下場很悽慘。」這樣看來，你的婚姻裡沒有愛，跟你在一起似乎也不沒啥意思，這樣的感情當然也無法維持下去。如果你很愛他，為了和他一起走下去，你應該要想辦法進步才對。

如果你真的已經盡力了，還是不能夠吸引他，沒辦法讓他繼續愛你，那就要放愛一條生路。因為彼此之間似乎沒有什麼火花，這已經不是愛情了。

照理說，夫妻兩人應該要理性地談一談。但以這樣的情況來看，你的溝通能力還不夠達到了解彼此的水準，你很痛苦，對方也很痛苦。你應該學會溝通，學會講出自己的感覺、表達自己的想法，應該要有能力創造愛情；否則，人家留在你身邊也沒有什麼樂趣，也沒有愛情的火花。

最重要的是，你的能力一定要提升，心態要成熟，心胸要廣闊，而不是想著如何讓對方身敗名裂、後悔一輩子，這種方向就不對了。大方向正確了，不管有沒有離婚，至少你都不會走偏，也才有機會得到幸福。

第三章

愛情的張力

在這個章節裡，我們要談到一個很實用的內容，就是愛情的「張力」。愛情的張力，是非常迷人的東西。這要談到愛情的深度，讓人感動、瘋狂或是為之著迷的力道，也就是我們講到的「張力」。

為什麼這個男人會跟這個女人比較來電？世界上有這麼多的男人，這麼多的女人，為什麼會有「一見鍾情」的例子？為什麼會出現「情有獨鐘」的狀況？不是「天涯何處無芳草」嗎？這當中有一個祕密——愛情的張力，它就是不得了的偉大。

當某個人跟你在一起時產生的張力，強過和另外一個人在一起的時候，你就自然會喜歡張力大的那一個，因為他給你的感覺就是比較有魅力。

何謂愛情的張力？

現在就來解釋一下什麼叫「張力」。

每一個人都有自己的個性。當你跟另一個人合作很有默契，兩個人趣味相投，彼此之間可以發揮極高的創造力。這個創造力能夠發揮的程度，就是「張力」。

這個張力可以是拉力，可以是雙方的和諧度、感情的濃度、溝通的深度，這些都在「張力」這個名詞的涵蓋範圍之內。

以打籃球來說好了。你跟誰比較合得來？今天球場來了一個高手，他的實力是**NBA**的水準。那你呢？不過是國小球隊的水準，湊在一起當然沒得打，兩個人的水準搭不上嘛。

以跳舞來說，你的舞伴是舞林高手，是經驗很老道的舞者。那你是初學的菜鳥，連基本舞步都還在學習中，兩個人在一起跳，大部分的時間就是他帶著你跳，當然很難有什麼火花。或者是說，你跳的是交際舞，但對方跳的是比賽的拉丁舞，雖然都是跳舞，卻是不同的意境了。

用這樣的方式來形容，你應該就比較能夠理解「愛情的張力」到底是什麼。同樣等級的人相處在一起，就會非常有趣，感情也是一樣。

在感情的世界裡，決定張力大小的關鍵在於「溝通」。

一般最常用到的溝通方式就是講話，講話是你一句、我一句，話永遠接不完，張力就會很強。如果一個人嘰哩呱拉的，另外一個像個呆瓜，兩個人當然就話不投機半句多。平常講話的能力，將會決定吸引對方的魅力。我們在找的就是一個趣味相投的夥伴，兩個人可以搭配在一起，你跟他是最合的。

只要大方向一樣，小細節彼此可以再要求——喜歡完美的程度、生活的步調、感覺、合作的意願、付出的能力，能夠愛的深度、廣度、講話溝通等等。這些東西就是所謂的「愛情張力」。

你可以弱，但不能不進步

不過，當你擁有愛情的張力，並不代表一定會擁有幸福。

為什麼會有所謂的「摧花手」？就是他擁有那些功夫，可是他對你不是有真正的感情。他的技巧足以用來欺騙你，可以給你產生一種感覺：我們在一起時，會有那種前所未有的激情。

舉例來說，就像是很會跳舞的舞棍，初學的人很愛跟他跳，因為他很會帶人。你會覺得跟他一起跳舞很舒服，雖然他認為你的舞技實在有夠爛，但是他要要你或是陪著你玩、逗你開心，對他來說就跟吃飯一樣地簡單。

從另外一個角度來看，就是你的表現這麼笨拙，跳舞水準這麼糟糕，沒有辦法滿足舞棍的需求。當你能夠跟他跳出同樣水準的時候，張力就會出現了！兩個人就會覺得很搭，簡直是天生一對，甚至會產生意亂情迷的感覺，讓人如癡如狂地陶醉在其中。

所以，你得要懂得怎樣去配合另一半，懂得兩個人互相創造，培養愛情的張力，而且讓人為之瘋狂。擁有這種感覺，才可以讓愛情一直繼續延伸下去，這也是你必須要不斷進步的理由。

譬如說，男的很會跳，女的很笨拙，但她很喜歡跟這個很會跳舞的男生在一起。若女生一直有在進步，那男生就會很喜歡跟她跳，兩個人就有機會可以結合起來，就算一開始的默契不好，但慢慢進步之後就可以互相配合，還是有機會變成很搭的一對，可以

有越來越美的張力。

但是，如果女孩子一直不進步，這個比較會跳的男生就必須一直去服侍對方，要想辦法讓女孩子舒服。可是，他自己跳起來不會有什麼快感。女生是很開心，但男生會覺得很不爽，久了以後張力就會消失，再也沒有吸引對方的魅力。如果張力消失了，愛情就會出大問題。

你必須在愛情的張力上，知道自己有多少斤兩。你要曉得對方是黑帶的，自己是黃帶的，知道自己遇到的是怎樣的人，你自己又是怎樣的水準。當然，一般人都比較喜歡水準高的人，如果水準不適合，最好還是不要硬湊在一起，最後還是會出問題，因為不配嘛！

所以，你適合誰、應該跟誰在一起，要有自知之明。沒有那麼大的頭就不要戴那麼大的帽子；沒有那麼大的胃，吃這麼多只會撐死自己。

要別人愛你，也要讓自己值得被愛！

愛情的張力，是生活中不能不去培養的能力。如果沒有這項能力，你的愛情很快就會出現彈性疲乏的情況，某一方外遇的機率就會很高，相對來說也會比較沒有自信，常常擔心另一半會出軌。如果你不會創造，隨時都有可能出現比你更有張力的人——他就是有吸引力、就是有魅力，這是很現實的。

人難免會受到迷惑而走錯方向，一時迷糊而做出不智的選擇。所以，與其要防止外遇的發生，還不如培養愛情的張力，才是真正的婚姻幸福之道。

你要了解生活裡自己需要什麼，如何去吸引另一半，怎樣去提升彼此之間的張力。好比說，你要跟對方打乒乓球，你應該知道自己哪個地方需要補強，體力不好就得加強體力，速度不夠就得訓練反應，或是切球切不好、接不了殺球，就要將這些弱點強化起來。如果不補強的話，對方跟你打球就沒啥意思，因為你每次切球都失誤，殺球都接不起來，最後當然就不會想跟你打了。這是非常現實的。

你一直夢想著要加入NBA職業籃球隊伍，卻沒那個實力，運球運不好，跳也跳不

起來，投籃也不準，怎麼有機會成為職業球員？所以，你想要加入 NBA，就得要有進入 NBA 的條件，這是非常合理的事情。

感情也是一模一樣的道理，只是很少人會這麼現實地把它拿來分析。一般的夫妻就會說：你是我丈夫、妳是孩子的媽，就是冠上一個讓對方跑不掉的理由，所以「愛」是理所當然的。會這樣要求對方的人，往往都忘記了一件事：這樣的愛，舒服嗎？自己能夠愛人的能力夠不夠？這樣綁在一起快樂嗎？滿足嗎？

如果你要在籃球隊裡打球，體力卻不夠，當然很容易就被刷掉嘛！同樣地，要是不懂得怎麼創造愛情的張力，婚姻就會比較無趣，兩個人的感情就會比較不精采，出軌的機率自然就高一些。

當發生了這樣的狀況，需要互相了解，而不是在那邊互相指責，怪對方說：「既然你是球隊一份子，就是不能不下場比賽！」或是說：「你球技那麼爛，當然就該滾蛋。」

這些攻擊都沒有意義。你應該要去了解，玩這個遊戲所要具備的條件是什麼，繼續下去是否有希望，是否可以進步成長。

培養張力，需要不斷地練習

在感情世界裡，同樣有一些遊戲規則，一些基本條件。

你不希望任何一方發生外遇，就得了解該怎樣和另一半創造愛情的張力。這是一個天理，你必須去符合這樣的條件，而不是另一半有了外遇就耍賴說：

「你跟我睡過啦！」

「我們都已經有小孩了，我絕對不會離婚！」

「妳讓我帶綠帽，我也不會讓妳好過！」

這種心態就是占著茅坑不拉屎，得了便宜還賣乖，以為結了婚就可以隨便亂搞，而不管愛情張力是不是被消磨殆盡了。

在這裡，我要特別提醒各位親愛的讀者：愛情張力需要一直去培養、一直去創造，不斷地練習才能精進。當你的感情世界裡沒有了這個張力，就沒有了吸引力。

所以，愛情張力可不是你送了一束花、說一句好話，花一天的功夫就可以營造出來的。這就像練功夫或學跳舞的人，不管學什麼都一樣，一定要天天練習才能精益求精。

一旦你停止練習，功夫就不會進步了。

練舞的老師會告訴你：「一天不練舞，你自己會知道；兩天不練舞，你的舞伴會知道；三天不練舞，全天下都知道。」

這是一個比喻，讓你知道有沒有培養愛情張力的嚴重性在哪裡，你必須針對這件事情認真的思考，努力的學習，認真的進步。

如果你對愛情的認真程度就像打球或是上班一樣，經營感情就像開公司、賺錢做生意、練武術或是鋼琴演奏，必須把它保持在一個隨時都是活力充沛的水準，愛情的「質」當然就會好，婚姻的幸福度就會提升，也會越來越好。

我們講到愛情的張力、彼此之間吸引對方的魅力，要從兩個人陷入愛河的第一天就開始培養，一直到終老。這是幸福婚姻不可或缺的一個重要觀念，態度必須要很成熟，也要了解其中的影響有多麼重要，而且雙方都要有共識一起攜手合作，一同進步成長。

Q：為什麼男人總是無法抗拒壞女人，女人總是無法抗拒壞男人？

其實，這句話是有語病的，事實並不是真的這樣。

如果你是行事很正派的人，會很討厭這樣的壞女人或壞男人。因為你一開始就可以看到對方的意圖是不是不懷好意，或是讓人感覺不舒服、正不正派。不管女人或男人，只要是成熟的、擁有愛情、了解愛情的、有正常婚姻的、走在正軌上的人，都不會喜歡和這樣的人交往。

那麼，為什麼就是有人抗拒不了這種誘惑？

因為愛情的張力會讓人產生一種致命的吸引力、刺激感，或是一種被迫、控制不了要上鉤的感覺。那種感覺並不是很正常的，基本上就只是一種刺激，或是從來都沒有過的一種衝動，或是某方面的特色比較強烈一點，讓人感到情不自禁。

那麼，在感情上比較沒有經驗的人，或是創造張力比較弱的一方，從沒有遇過這麼激烈的攻勢或是這樣興奮的感覺，讓你手足無措，不曉得怎麼拒絕，或是想要偷吃一

下，看看會有什麼樣的體驗。

在這種情況下，感情就很容易出軌。但出軌的並不是「愛情」而是「身體」，那只是一種迷惑。

由其這種「壞男人」或「壞女人」的攻勢都來勢洶洶，對細微處的判斷也很敏銳，動作很主動強烈，讓一般人難以抗拒，莫名其妙地被牽著鼻子走，甚至發生了「外遇」。

若換個講法，就是你堅守的陣地被攻陷，被對方的攻勢擊潰了。然而，這跟愛情一點關係都沒有，充其量不過只是一種感官的情慾刺激。

所以，並不是你真的無法抗拒，主要的原因是你自己太幼稚，或是經驗不夠，或是你自己心術不正，想要嘗試一下偷腥的感覺，外遇這件事情才會發生。

如果你是一個很有自己想法的人，而且是走在正軌上，有自己的愛情，這種事情是絕對不會發生的——因為你不會讓它發生。你並不會欣賞壞女人或是壞男人，那種魅力對你來說沒有什麼吸引力，意圖不乾淨，你也不會覺得對方可愛。不管對方再怎樣施展魅術，你都不會覺得舒服，你也很確定不會有未來，這種感官的刺激並不是真實的愛情，也不可能跟對方有進一步的關係。

所以，會不會外遇是因人而異的。要是你在個性上比較弱一點，愛情的張力沒那麼強，又容易受到別人的影響，會發生這種事情的機率就會高出許多。你一定得進步，鍛鍊自己的溝通與控制能力，讓自己更成熟、有自信，知道自己要的人生是什麼！

第四章

進步成長

在前面的篇幅裡，你一定發現「進步成長」這四個字出現過很多次。在這個章節裡，我們就要講到什麼是「進步成長」。

「為什麼要進步成長？」這個問題可是千古大哉問呢！進步成長到底是在幹什麼？跟婚姻、兩性關係到底有什麼關聯？有沒有這麼重要？這就非常非常有意思了。

如果不進步成長，你不會懂得怎樣去給對方空間，你不會看到自己的問題，你眼裡看到的，永遠都是別人的問題。人生裡有很多事情是需要學習的，不進步成長的人，不管有多麼優秀、有多少才華，最後都會被人討厭。

在婚姻上來說，不進步的人就無法營造更多的愛情張力，就算有了張力最後還是會疲乏，沒有辦法朝向完美邁進，感情就只好一直撕裂。

好，永遠都可以更好。你得讓自己有更好的胸襟，追求更好的境界，這些都是你在生活中要練、要修、要持續不斷去做的事。

你不進步，當然也搞不清楚自己的大方向在哪裡，也不曉得該怎樣去修正小細節。你希望完美、希望幸福、希望快樂、希望自由，這些都是要靠進步成長才能達到的境界，只有不斷努力的人，才會有福氣。

進步不為文憑，而是為了人生

我們講的進步成長，並不是去學校上課、補習或是在職進修之類的事。這裡所提到的進步成長，是指生活上的各種修為、學習以及不斷的練習。

你修到了一個學位，並不代表你的人生真的有進步。就算你在學校修了很多的學分跟學位，也只是讓你懂得比較多的理論，或是在某一個領域裡比較專精，例如學做陶瓷或是寫書法，學習彈琴或打球，或是職場上的企業管理、投資理財等等，這都只限於在某一項特殊領域裡得到更高深的學問。

當然，這些學習上的領悟，也可以舉一反三，把它運用在生活領域裡，並不是對人生完全沒有幫助。但是，攻讀文憑或認證的學習方式，常造就出許多死讀書、只會考試的書呆子，就算拿到了博士學位仍是一個生活白痴。有許多一流學府出身的高知識份

子，腦袋裡裝了一堆高深的理論，要他去哄老婆開心，卻是一點辦法都沒有。

我們講的進步成長，要解決的是人生的課題。它到底在幹嘛？就是學會給自己空間、給別人空間。學會了這些東西，你的人生會更自在，也可以讓身邊的人更舒服。

另外一個重點，就是接受度的提升，你的承壓力、抗壓性會越來越強。

譬如要打棒球之前，必須先訓練足夠的體力，你有更大能力去接受更多的練習，就有機會比常人表現更出色。

你要學功夫，有一個很重要的訓練就是要先接受挨打——這就是所謂的提升接受度，讓你變得比較不怕被打，至少別人打你比較不會痛。沒有練習過的人就會比較脆弱，遇到一點小挫折就哇哇叫、哭爹喊娘的；被打了一拳，回家可能要療傷很久。但是，對於那些有練過的人來說，被打一拳算什麼？他可以被打個半小時都沒事，這就是承壓力的不同。

在生活裡，這些進步成長就是讓自己的承壓力能夠提高，面對別人的一些奇奇怪怪的疑難雜症、偏差錯亂，你都可以處之泰然、怡然自得，不會覺得有什麼不舒服的影響。

你要學會的是主導人生，而不是受環境的影響。

學會快樂與自在

進步成長的最大好處，就是讓你真正地學會什麼是「快樂」。你的情緒會被提升起來，隨時都處於鬥志高昂的狀態。

人的情緒，常常會有高低起伏的情況。如果承受度不夠高，就沒有辦法快樂。情緒好的時候當然沒什麼問題，但是當掉到谷底或是遇到不順遂的事情，就會擺出一張苦瓜臉。

在進步成長的過程裡，你會明白更多人生的真相，很多原本很介意的事情，就不會縈繞在心頭揮之不去，不會看什麼事情都不順眼，也不會動輒受到外在環境的影響，是非常有價值的生存籌碼。

舉例來說，你在工作上有很多的不滿，常把這些不好的情緒帶回家裡，對另一半、

小孩都有很多負面的影響。如果今天你的心態改變了，你的思想變得很成熟，就可以對家人保持自在快樂的情緒，不會把工作上的不愉快傳染給那些沒有關係的人。

以職場角度來說，今天你接到了客戶的電話，不可能把不愉快的情緒帶給你的客戶，這是一種敬業的態度。在家庭裡，一樣也要有這樣的水準。當下班回到家之後，就等於是在家開始上班；只是在公司服務的對象是客戶，回到家服務的是另一半、小孩和公婆，不同的身份，上不一樣的班。

你也不需要覺得很委屈，另一半回來也一樣要「上班」嘛！他也一樣要逗你開心，做子女的也是要對父母孝敬；這就是所謂的「專業態度」，可以讓別人快樂，也讓自己快樂的重要關鍵。我們所說的進步成長，可以將一個人培養成人生的高手、生活的專才，還有愛情領域的菁英。

增加了解的能力

進步成長，可以讓你增加「了解」的能力。雖然你有很多東西不懂，有很多東西不會，可是只要你進步了，就有能力去學習那些你不會的事。

就好比說，你從沒出過國，你沒接觸過另一種語言，也沒遇過全都是陌生人的環境……你到底該怎樣去處理這些既不了解，也從未面對過的事情？

有些會作飯的人，就算拿到沒碰過的食材，一樣能夠煮出好吃的菜色。既然沒有接觸過這些食材，該怎樣處理才能做出一道像樣的菜？因為他累積了足夠的經驗，了解該怎麼搭配才符合邏輯，學習新的食材也很快能夠上手，對未曾經歷的事情也比較不會感到恐懼。

這就是進步成長非常重要的一環：增加了解的能力。當你的了解能力提升之後，便能更了解自己，也可以更了解別人，待人處世就會輕鬆許多。

了解自己多一點之後，就會知道原來這樣會讓自己不舒服，原來我有這樣的感覺，原來我喜歡的是這個，我的個性是這樣，我在意的是什麼、不能夠接受的是什麼……。

如此，才有辦法去了解別人，了解生命，了解生活，了解人生。

許多人會犯了一個錯誤迷思：一天到晚想要去了解別人。

如果沒有辦法了解自己，是沒有辦法了解別人的。所以，在進步成長的過程裡，有一個很重要的關鍵就是：你要先探索自己是什麼樣的人，極限在哪裡，怎麼去突破；正所謂「知己知彼，百戰百勝」。

要是你身為一個父母親，連自己的情緒都不了解，又怎麼能去了解小孩子呢？

你都不知道自己哪裡不懂，要怎麼樣去教小孩子呢？

你連自己都控制不了，又如何去關愛下一代呢？

你不知道自己的愛恨情仇，不知道自己的悲歡喜樂，又要怎麼去照顧另一半的情緒，要怎麼跟他說話對焦呢？

不進步，只會造成別人的困擾

要是一個人對進步成長沒有興趣，基本上，他對自己也沒有興趣。他對人生絕對沒有熱情，對生活當然也不會有衝勁。

有些人會說：「我對自己的事沒興趣，對別人比較有興趣。」講好聽一點是對別人很有興趣，但這種態度只會造成別人極大的困擾——你的興趣只是為了自爽，也造成了別人的痛苦。

譬如說，有些女孩子很喜歡黏男孩子，或是男孩子為某一個女孩子瘋狂，每天要接送人家上下班，不管對方做什麼事情就是一直黏著；被纏住的人不可能非常舒服，那種感覺就像褲子被口香糖黏到一樣。他對別人的興趣遠超過自己，這種態度就是把自己的快樂建築在別人的痛苦上。

問題出在哪裡？在於他不願意進步成長。這種人不喜歡了解自己，偏偏對別人很有興趣，做事情都是我行我素，不管別人的感覺跟想法。

這裡再舉另外一個例子。很喜歡黏小孩的媽媽，她自己不進步成長，卻把所有的精

神都放在孩子身上，在她身邊的小孩也不會快樂。因為媽媽自己沒有長進，不曉得怎樣讓別人舒服，跟她相處的人當然也不會很開心。

要讓身邊的人感到快樂，就一定要先了解自己，自己要先進步成長。有的人不喜歡唸英文，他希望別人教他；有的人不喜歡解決問題，他希望另一半能夠幫他解決問題，就造成了別人的痛苦。

你為了自己快樂、自己方便，所以要別人服侍你、遷就你。為什麼家教要付錢？為什麼請教練要付錢？為什麼請保母要付錢？為什麼請顧問要付錢？就是這個道理。

有很多人是不獨立的，就是要別人來陪、要別人幫、要別人寵的，這種人就是不喜歡了解自己的人，也是最需要進步成長的人。要他進步的理由很簡單：因為他不進步成長，就會變成旁人眼中的禍害與痛苦。

當你進步了，了解更多了，因為你懂了，就不會感到難受，也不需要刻意忍耐，這就是「人生貴在了解」的真諦。當明白是怎麼一回事，腦筋轉了過來，以前不能釋懷的事情很自然就豁然開朗了，變得獨立也有自信。

譬如說，如果你了解生小孩是怎麼一回事，就不會覺得很害怕。你可以了解嬰兒為什麼會哭，知道該怎麼去餵奶，怎麼樣去抱，能夠明白生孩子一定要經歷過陣痛的過程，就不會驚慌失措。

可是，如果你對此一無所知，不曉得會發生什麼事情，當然沒有辦法面對。你只會想：「哎呀，糟糕！孩子哭啦！到底該怎麼辦才好？」會擔心害怕，就是因為你不懂。只要你能了解，一切都不再可怕了。

人都有缺點，這也沒什麼好擔心的，只要能改過來，就有辦法去處理這些東西。如果不改，就得去忍耐一輩子，這種感覺是很悲慘的。你怎麼可以不去改變它，而決定要忍耐一輩子？就算你可以忍，別人還不見得願意忍哪。所以，進步成長是一種責任。

我能不能一輩子忍受他這個缺點？

所有的婚姻在一開始的時候，愛情是存在的，他們的愛不是假的，結婚也是玩真

的。至於有沒有辦法走到幸福的彼端？感情可不可以愈來愈好？其實是可以的，但關鍵就是看你有沒有努力經營？這就是每個人要誠實問自己的問題。

雙方都不進步，愛情就會觸礁，婚姻當然就不會美滿了。若是其中一方不願意進步成長，仍會造成雙方的痛苦，也逼著對方忍受你的缺點，非常殘忍。

大家都有機會得到幸福。有沒有努力經營，有沒有努力付出，有沒有去明白婚姻是怎麼一回事，有沒有學習怎樣讓彼此的感情更好，這就是「進步成長」要講的事情。

我非常鼓勵大家一定要進步成長。如果你不進步，人生就是一局死棋，你的一生都不會有機會扭轉過來。

如果不相信，你可以看看自己身邊固執的老人家，為什麼都快進棺材了還是那副德性？因為他五十年都沒有改，都沒有進步，他的缺點沒有什麼改變，讓身邊的人一直很難接受。他講的永遠都是那一套，做的也永遠都是那一套，還是一副老樣子，比鋼筋水泥還硬。這樣要如何跟身邊的人愉快相處？愛情又如和美滿，家庭要怎樣融洽？

那些行為模式，在年輕的時候或許還滿可愛的，你跟他談戀愛的時候勉強還可以接受。但是，若是二十年後還是一樣，你就不會覺得他可愛了，看到就會覺得非常地厭惡。

你心裡會想：「怎麼會這樣？這臭脾氣不改，我就得忍受你一輩子的大便。」

缺點，在戀愛的時候是很容易接受的，因為你覺得沒什麼大不了。譬如說，女孩子比較不喜歡打扮，或是男孩子穿衣服比較邋遢一點，在戀愛的時候你會說：「沒關係，反正他還是很可愛嘛。」

那是因為對方青春無敵，你才有辦法多忍受那麼多次，而且你也年輕，什麼都無所謂；談戀愛也不過才見幾次面，要不然交往個一兩年，有些小毛病勉強還是可以接受。如果天天都一副死樣子，過了二十年還是打死不改，可想而知，後果當然很慘哪！

其實，對方有什麼缺點跟小毛病，在婚前多少都是知道的，只是一般人都覺得還可以接受；但若能夠一起進步成長，婚姻真的可以很美滿。

所以，當你在戀愛時發現了對方的缺點，應該先問問自己：「我能不能一輩子忍受他這個缺點？」

就算你說：「好，我願意忍耐！」然後就決定跟對方結婚。可是，到最後你自己都不知道可以忍耐到什麼樣的程度。同樣地，你也不該讓對方忍受你的缺點一輩子！

我常奉勸年輕人在找對象的時候，一定要找願意進步成長的人，就是這個道理。你要看的不是他現在有沒有錢、長得帥不帥、有沒有學問或氣質等等，那些都是小細節，都是可以再修正補強的；只要他願意進步，將來一切都會有可能改變。

反之，你找了一個美麗、富有、有氣質、有學問，看起來一切都近乎完美的對象，但他身上的缺點過了三十年都不改，這顆炸彈遲早都會引爆的。

當然，能夠忍耐也是進步成長裡面提升「接受度」的學習，這是在人生裡一定要擁有的能力。但更重要的是：你能不能把那些缺點修正過來，把它對你的影響力、殺傷力降到最低，讓大家都開心？

失敗不可怕，可怕的是不知道自己是怎麼失敗的。同樣地，有缺點也不可恥，可恥的是你明知道有這個缺點，卻不去把它改過來。

只要有進步，一切都有希望

如果大家都可以進步成長，那缺點自然會愈來愈少，彼此就能夠更自在地相處。

戀愛的時候，你可以憑藉著青春無敵，人家什麼都讓著你；過了二十年後，你變成一個黃臉婆，變成一個歐吉桑，不再這麼可愛了，還要別人讓你嗎？

年輕的時候常熬夜鬼混，醉到不醒人事，偶爾還可以接受。可是，若現在四十歲了還到處鬼混，連孫子生出來了你還喝到爛醉如泥，這樣好嗎？

若你的孩子懂事了，他會想：「爸爸為什麼會是這副德性？」，「媽媽怎麼會這樣？」甚至跟著有樣學樣……你會希望下一代也跟你一樣到處鬼混嗎？你希望下一代傳承你的缺點嗎？

如果有在進步成長，個性有改變，氣質也有變，大家是不是就會好一點？把年輕時的壞習慣改過來了——以前是個老煙槍，現在不再吸菸了；以前每次都要喝到讓別人拖回家，現在只是小酌一杯；以前動不動就講話嗆對方，現在可以婉轉地表達……只要有在進步，大家就可以接受；只要有進步，就不會這麼討人厭。

人一定要進步成長，讓彼此舒服，讓你更了解自己，讓你對生活的經歷、能力、承受力都更加提升。如此一來，你和別人相處的關係就會更好，你的人生就會更趨於完美，愛情也會更甜蜜啦！

不管你現在的狀態有沒有很完美，這並不重要。可是，當你能夠愈來愈好、愈來愈接近完美，一直有在學習，一直在磨合彼此，讓相處更接近舒服完美的境界，這就是婚姻裡必須努力的一個目標。

相反地，若是你一直都沒有進步，所有的小缺點到最後都會變得讓人無法忍受，「外遇」就會變成一個看起來似乎很嚴重，卻理所當然一定會發生的情況。

我們可以做一個簡單的結論：如果你在婚後仍有持續地在進步成長，發生外遇的機率就會降低；就算發生了外遇，還是可以去修護、彌補，婚姻成功的可能性還是很高的。

所以，不要一直想著要別人去進步成長，一定要從自己先做起——當你進步了之後，別人就會跟著進步。而且，你應該要選一個願意進步成長的人在一起，這才是營造幸福的最大勝算。

第五章

食色性也

婚姻最大的一個特色，就是合法的、被眾人認同的性關係。

雖然性行為是人類與生俱來的能力，但這件事也是需要練習的，沒有人天生就是做愛高手。這就像練武、練球、練音樂一樣，它也是需要學習、訓練、培養默契的一個活動。

以跳舞為例。小時候跳過跟三十歲才開始學習跳舞的人相較之下，當然就是不一樣。「性」這件事情也是一樣的道理，有練過的人就是比較不會那麼生澀，需要上場的時候才不會那麼不知所措。

我並不鼓勵婚前性行為，也不鼓勵多重性伴侶，這跟我們要討論的議題並沒有關係。我所要強調的只是一個事實：有經驗跟沒經驗一定會有差，對於某件事情的了解程度一定不同。這裡的重點是：性行為這件事是可以練習的，它也是有熟練度的差別。

為什麼會鼓勵早婚，或是早一點開始談戀愛？就是不要等到一把老骨頭了才要開始學，你四十歲才開始彈鋼琴、學跳舞，想要學有所成的機會實在是微乎其微，當然就很難有什麼驚人的成績，除非你本來就有一些底子。要是五十歲才開始練就更不必談了，有點像「阿婆生子」，不太可能有什麼成功的機會。

年齡對性生活的影響

結婚應該趁早，因為性行為是可以練習的，你跟另一半的親密默契愈早磨合愈好。有許多事是年輕時做比較好。除了體力、精神、健康狀態比較好之外，對媽媽來說，產後恢復也快，對小孩也比較健康，照顧起來也比較不會那麼累。

如果二十歲左右就開始談戀愛，有正常的性生活，不管對男女雙方都很好。在這個年紀的荷爾蒙也足夠，對於「性」這件事也興致高昂，很容易引發激情，做愛也很有意思。

要是等到年紀都三、四十幾歲了，荷爾蒙開始衰退了，沒有那麼多的激情，對性這件事也興趣缺缺，這時候才要開始找結婚對象當然就難了。最糟糕的是自己在性方面沒有什麼經驗，做愛沒那麼地刺激有趣——一星期一次都覺得不太能夠面對，甚至一個月

一次都很勉強，最好乾脆不要做，就是對「性」這件事沒什麼感覺了嘛。

我為什麼一直強調，婚姻跟年齡有很大的關係？一般人認為，三十五歲似乎也沒多老嘛，男人四十歲再娶也不會怎樣。

對，是不會怎樣，畢竟都還活著嘛。可是，真正會影響到婚姻的重點在哪裡？最致命的問題就是出在於「性生活」，因為性生活的活躍程度，跟年齡有非常重要的關係。

要生小孩、繁衍下一代，就要有性生活。如果年紀很大了還是處男、處女，對性生活就不是那麼有感覺，或是不容易達到高潮，畢竟沒什麼機會練習。就好比說，跳舞想要跳到舞姿曼妙的境界，那需要多少的練習啊！要是你什麼都不會，跳起來當然像個三八，像個阿婆，沒有什麼美感。

性生活的練習最好早一點開始，這跟婚前性行為或是未婚生子這些事情一點關係都沒有，我只是告訴你一個事實：越早練就越容易成功，也越有機會去享受，這是一個天理。凡是你練過的事情，動作就是比較熟練、優雅，做起來也比較有感覺，沒練過的事情當然就是比較彆扭，差別可大了。

追求安全健康的性生活

鼓勵早一點結婚，是因為你不需要隨便找人去練習做愛，或是為「性」而「愛」。找一大堆人來練習做愛並不是一件好事，因為它是有副作用的。你要去處理一些剪不斷、理還亂的問題，甚至還會讓你染病，光是診療所要花的醫藥費和精神就夠你受的，也會影響到心情與生活，讓你很不快樂，得不償失。

最好的方法，就是有一個固定的性伴侶，我們常講到的「另一半」也就是那個忠實的性伴侶。找固定的伴，最好的方式就是結婚，要戀愛就是我跟你在一起。所以你希望戀愛就趕快結婚，結婚就可以享受性生活，然後談一輩子的戀愛，這是最完美的方向。

不過，同居又是另一件事了。同居是為了擁有性生活而在一起，但畢竟少了那張證明書，在資格與保障的意義上，還是遠遠不同於結婚的份量。

既然性跟年齡有關，性生活要有安全的進行方式，婚姻是最可靠的保障。有了婚姻的這一層關係，做愛是名正言順的。兩個人住一起、睡在一起，一起洗澡，發生親密的關係，這種境界是很美的，讓人非常愉悅且獲得身心解放的舒暢，就算是醫學也證實了

性愛對於生活、健康的重要性。

以基本常識來說，性生活比較好的人比較不會生病，身心比較容易獲得平衡。良好的性生活不管對於健康、壓力，生活美感的種種，都有非常多的好處。

在人生裡面，性生活是不可或缺的一部份，包含在男女之間的溝通、相處與進一步的接觸，這是非常重要的領域，沒有辦法刻意去抹滅或忽視的事。

不過，一旦出現了外遇，就會破壞掉性生活的平衡與安全性，以及婚姻完美、忠誠的保證，這個平衡被破壞了之後，帶來的傷害就會非常大。

本來愛情、婚姻應該是很美的，你卻選擇把它弄得很醜，這麼做到底是否有意義呢？這是一個值得深思的問題。

婚姻，是合法的做愛執照

我們之所以特別提到婚姻的好處跟性生活的健康，目的就是要讓大家知道：你可以跟另一個人擁有這麼美好的生活，那你是否要去破壞它？當你選擇要去破壞它，外遇就是其中一種最嚴重的傷害方式。

在進步成長的過程裡面，也常常會有錯誤的選擇方向，讓你愈來愈偏離正軌。如果沒有正確的方式去練習怎麼經營感情，沒有真正去了解進步成長的真諦，最後偏離了正軌，「性」反而會變成一種傷害、一種破壞、一種失落，相對來說就會有痛苦與遺憾，從此變得憤世嫉俗，厭惡被背叛的感覺，不再相信世間有愛，也不再相信任何人。這些事情，是生命裡不需要出現的。它不僅毫無益處，還會帶來極大的傷害。

我們講到進步成長去修補的所有一切，就是為了不要有疼痛，不要有傷害，不要有裂痕。你不希望感情出現這些裂痕，就要好好地去經營感情生活。你希望跟另一半有更親密的性關係，就要更努力地去經營性生活。

在婚姻裡面談性生活，談美麗的戀愛，這才是最完美的，也才會真正的修成正果。婚姻就是鼓勵要擁有性生活，也要盡情享受性生活，它給了你一個可以合法做愛的執照。在這個安全的範圍裏面，你可以跟你的伴侶隨心所欲，兩個人開心享受。這種健康

幸福的境界，是我們每一個人希望追求的，也是每一對情侶所期待的。

是紅粉知己還是第三者？

我們談的性，是屬於婚姻世界裡的兩性關係。當男女兩人之間沒有「性關係」的成份在裡頭時，就把它定位在朋友的等級；一旦發生了性關係之後呢，就會發展成為踰越朋友界限的情感。

假設一對男女並不是夫妻，但彼此的關係很好，常常約出來吃飯、聊天，可是他們並沒有任何的性關係，兩方並沒有越雷池一步，就算被人講閒話也不會構成犯罪，就只是好朋友而已。

換句話說，「紅粉知己」跟「第三者」還是有差別的。用一個簡單的說法來定義，就是有沒有「性關係」的差別。

所謂的不正常關係，當然不是只靠有沒有「做愛」來進行判斷。一般來說，如果是只有牽手或擁抱，不會被視為傷天害理的事，就算被責難，通常也不會被劈到死；可是大家最在意的是：你有沒有想要和對方做愛的意圖？那個意圖才是真正的關鍵。

譬如說，朋友之間擁抱、牽牽手，也是很正常的。因為東方人是比較不常有這些舉動，可是以世界上其他的民族來說，有很多外國人見面是一定要擁抱的，或是親親兩頰，比較親近的朋友甚至會直接親吻嘴唇，這些都是人與人之間正常的接觸，或者可以說是「禮貌」。

但是，這些動作到底是不是「性行為」呢？當事人是一定知道的。至於旁邊看到的人，有時候也是看得出來的。我們在講的「到底有沒有性行為」的問題，主要的關鍵，還是在於有沒有想要跟對方做愛的意圖，是否想要親近，想跟對方發生性關係。這個動機就是問題的重心！

有時候，一般人會用比較不好的字眼來形容這種感覺，譬如「曖昧」、「想入非非」、「醉翁之意不在酒」等等。其實，有沒有這種意圖，只要是明眼人都會知道，不管是男人還是女人都一樣，愛人也可以感受得出來。

如果對方只是很單純地搭著你的肩膀，牽著手過個馬路，或是握個手啦，擁抱一下道別等等，這些都不算是性行為。至於什麼時候做這些動作會出現問題，甚至牽涉到所謂的性行為？其實當事人是知道的。

譬如說，你覺得對方很性感，故意捏一下他的屁股；或是你看著對方的眼神散發出一種情慾渴望，或是別有意圖地撫摸對方，或是觸摸的時候有一種觸電的感覺，那種感覺讓你非常的激動，想上床跟對方做愛……這個就是我們講的「性行為」了——雖然不一定真的做愛，可是當事人的情慾有沒有被挑撥起來，他自己是心知肚明的。

這樣的激情或衝動，就是性行為開始前的序曲，所有外遇的故事也可能因此而發生。

外遇與性關係

以平常人來說，有沒有外遇的底線就是發生性關係，也就是肉體上的性行為。但是，如果是就精神上面來說，就是有沒有性行為的意圖？這種「愛」與「喜歡」的感覺，是不是純粹以「性關係」作為出發點的？

在婚姻、愛情裡面，當然會有這種意圖。沒有一個丈夫不想跟老婆上床的，也沒有那個老婆不想跟先生有性關係，只是結婚就等於是有領牌，做愛是合法經營的，也就是法律所謂的「夫妻之實」；沒結婚就是沒牌的，就是走特殊管道的，就是性侵、買春或是外遇等等，這就是一個最大的區別。

若要把婚姻跟外遇講清楚，基本上，就得先釐清當中的界線。不是孤男寡女獨處一室就一定會發生性關係，倒也不見得如此。但是，為什麼世俗並不贊同這樣的動作？就是為了要避免擦槍走火。

男女在一起總是會有些意外的碰撞，有可能胡裡胡塗就發生性行為了，但他們並沒有想要論及婚嫁，有時甚至連墜入愛河的感覺都沒有。可是，只要是一個男人跟一個女人，就有可能發生性行為，這是一種生理上的關係。

我們用吃來做比喻。就像你不小心就吃了個蜜餞一樣，只因為蜜餞在你視線範圍

內，你就拿一顆酸梅起來吃。你不見得真的很喜歡吃酸梅，但是它剛好放在桌上，你就順手拿起來吃。

性這種事情也是一樣的，它是非常容易就會發生的事情。因為只要是人，天生就一定會做愛，就跟天生就會吃東西是一樣的。

外遇，一定跟性有關係。外遇是精神跟肉體都包括在內，精神上刺激的程度甚至不亞於肉體上的外遇。但不管是精神或肉體的出軌，這些外遇的人都想跟對方有超越友誼、兩人特別親密的關係。

其實，這是不應該發生的，因為外遇有一個第三者存在。婚姻的世界裡是一男一女，非常單純，沒有其他人介入，兩個人維持一個平衡點，這就是男歡女愛或情人的世界。就像我們看到的雙人舞蹈都是一男一女，沒有三個人在跳的。

在婚姻的遊戲規則裡，性關係只限於夫妻兩人之間發生，它有一個對彼此忠誠的成分。意思就是只要你結了婚，就等於承諾不會背叛對方，這一生只愛一個人，你跟另一半的關係非常特別。

尤其像做愛這種事情是很隱私的，只限於你跟另一半才會有這樣的關係。你只會在他面前脫光衣服，只會跟他上床做愛，你跟他有這樣的一個約定，大家都有一個默契，就是我們兩個決定在一起了，我們是相愛的，我們約定對彼此忠心，而且彼此會誠實地信守承諾。

真正的愛情，容不下任何一粒沙

婚姻裡所謂的忠誠，到底是在忠於什麼？誠在何處？

就性關係上來說，就是除了你之外，我不會再跟另外一個人發生性行為，不管在感情還是肉體上都是一樣的保證。這就是要結婚的兩個人，彼此都要認同的一個信條。

家庭要幸福，愛情要長遠，要保持婚姻的質感，首要條件一定是要忠誠。愛情的美麗之處，就是僅限於兩個人之間——one and only，你是我的唯一，你是我的僅有，不能像七拼八湊的拼盤。若是每天換一個伴侶，就不叫愛情了。

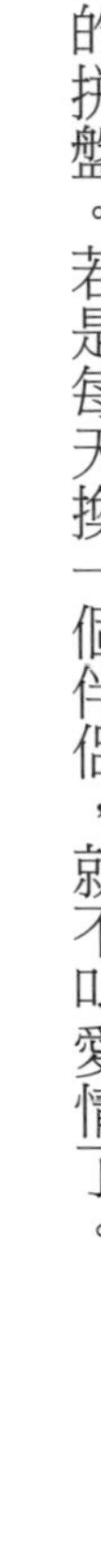

所謂「心有所屬」的感覺，就像一艘把錨拋下的船，不再漫無目地到處飄流、到處停泊。以感情來說，就是除了簽婚約的那個人之外，你不會跟其他人有這樣的關係。因為你曾經許下承諾，才讓這段關係變得特殊，讓它變成唯一。

一旦這個承諾被破壞掉，愛情就失去「非君莫屬」的感覺，就等於是完美的撕裂，不會有未來、不會有永遠，同時也失去了經營愛情的能力。

當然啦，破掉的茶杯拿來補一補，還是可以繼續使用，斷掉的繩子綁一綁，還是可以很結實，但這就不是我們所講的「真愛」。在陷入愛河的情人眼裡，容不下任何一粒沙。

當你真正地愛上一個人，當你許下跟另一個人終老一生的承諾，這個承諾不應該被視為一種特別的限制或是世俗的規矩，因為當你真正愛上一個人，這種忠誠應該是很自然的，完全發自內心的心甘情願，沒有任何雜質。

有人認為，既然婚姻的承諾如此沉重，那乾脆不要結婚不是比較好？或是只想要跟一個人在一起就好了，何必一定要結婚才能天長地久呢？

甚至也有人這樣認為：結婚多笨哪，結了婚我不就不能到處風流快活了？會有這樣子的問題，重點並不在於婚姻的「承諾」或是「限制」，問題是出在你根本沒有真正的戀愛。

真正的愛情，就是只喜歡跟某個人在一起，至於別人就沒興趣了。真正相愛的時候，愛情是無價的，是沒有辦法用其他東西取代的；這個世界只要有你就行了，根本不會有外遇的機會。

如果會有外遇，就表示你根本沒在戀愛或愛得不夠，才會有那些非份之想。真的愛一個人的時候，是不會有任何遐想的，愛情是專一的，認真的，忠誠的！

第六章

以食喻性（一）

外遇是一個非常大的陷阱，但簡單來說，不過就是一個人的慾望而已——他有這樣的渴求，有這樣的需要。

如果講到性，一般東方人會比較難以啟齒，我們比較難去解釋這些事情，因為「性」畢竟是比較隱私的事情，就像一般人不會去跟別人說自己有什麼隱疾，你很難去跟外人侃侃而談你有什麼閨房癖好。不過，孔老夫子在兩千多年前就說過了：「食色性也。」只要是人，就一定脫離不了這些東西，所以也沒什麼不好意思的。

把「性」用「吃」來做比喻，是因為兩者都是人類與生俱來的本能，比喻起來還滿容易理解的。

吃就有很多種類，沒有人活著是可以不用吃的。所以，關於吃這件事有很多種的現象，我們把它分成幾點來討論。

一：愛吃的程度

第一種，就是「愛吃」跟「不愛吃」的差別，這就會影響兩個人之間的關係。

其實，一剛開始在結婚的時候，如果你年輕或沒有經驗，不理解兩性方面的事情，就不太清楚為什麼後面會遇到外遇的陷阱。你必須去了解個人的習慣、個性、品格，為什麼會引來外遇？這也是讓許多人難以面對的痛苦與掙扎。

一個很愛吃的人，碰到一個不愛吃的人，就會有很多的衝突。假設你很愛吃，你跟一個不愛吃的人一起吃飯，當然滿無聊的，你一個人一直吃，另外一個人覺得莫名奇妙，吃這麼多要幹什麼？這就會造成很大的觀念衝突，兩個人話不投機，在一起不投緣。

不愛吃的跟愛吃的人在一起，他會覺得很受不了——他就不愛吃嘛，你一直叫他吃要幹什麼，是不是？喝酒也是一樣，愛喝的人希望喝到不醉不歸，不喝的人就算坐在一旁滴酒不沾，也會感到坐立不安，是嗎？

用「愛吃」跟「不愛吃」來比喻性，就非常貼切。愛吃的人什麼都吃，那不愛吃的

呢，就算桌上擺滿了山珍海味，他連筷子也不會動一下。所以，愛吃的人就應該跟愛吃的人在一起，可以吃到爽、吃到撐、吃到吐，反正兩人都愛，可以大吃特吃。

吃是一個慾望，但每個人的食量不同，口味也不一樣。性也是一樣的道理，每個人需求的量不一樣，喜歡的方式也有所差異。若其中一個永遠不能滿足，另一個覺得一天到晚都要做愛，實在受不了。這樣的差別，就會影響兩個人之間的問題。

喜歡做愛的碰到喜歡做愛的，一起去滾床單的次數當然就多了。那不愛做的碰到不愛做的就可以多講話，進行一些心靈上的交流，這只是一個很簡單的供需原則。有的人在性慾上比較正常，只需要吃正餐就滿足了，但有些人就一定要吃零食才過癮，這些習慣造就了人跟人之間的差異。

一般人不會把性經驗的程度差別拿出來比較，但講到吃呢，大家就很容易理解。你一定碰過比你愛吃、比你能吃的，也碰過比你不愛吃與不能吃的。所以，你要了解人家所說的「慾求不滿」，就是「愛吃」跟「不愛吃」之間的差別。

二：偏食

第二個，就是所謂的「偏食」。以吃來說，就是對某些食物有特別的飢渴。

像有些人就是只愛吃紅豆湯，不管去到哪裡，點來點去就是要點紅豆湯，這是一種人。

有一種人就愛吃飯，他要吃糯米、要吃炒飯，飯是他的最愛，沒吃到飯就等於沒吃東西一樣。

也有一些人只愛吃零食，不愛吃飯，亂吃一通，就是不吃正餐。

還有一種人，就是只吃肉、不吃青菜的；相對的，也有一種人就是只吃水果，不愛吃肉。各種現象都有，不是說哪種偏好就會比較好。

像只吃水果的，體質就容易偏冷，也常會胃酸過多。只吃肉的人若是運動量不夠，就容易發胖或是膽固醇過高，產生心血管疾病。至於現在很流行的吃素，相對來說就比較容易沒力氣，要再想辦法補充身體需要的蛋白質。

這些是屬於偏食的類型。最好的選擇，就是每一種食物都適量攝取，定時定量，不

暴飲暴食，恪遵七分飽的進食原則。這些基本的養身之道，知道的人很多，但願不願意去做又是另外一回事了。

這裡的重點不是吃什麼好或不好的問題。當一個人抱持著「我的個性就是如此」的心態，對於某些食物有特別的喜好與渴求，就會形成一種偏差錯亂。

愛吃紅豆湯的人，他看到賣紅豆湯的店就會一直走過去。要是他非常討厭飯團或香腸，那些攤子根本連看都不會看一眼。愛喝酒的，自然知道哪裡有酒店；吃素的人就會知道哪裡有齋飯，這並不難理解。

至於講到性的方面，每個人也會有不同的誘惑。既然「吃」會有偏食的情況，在「性」方面也會有特別的偏好。每個人對於心目中的理想對象，都有不一樣的期待與想像，因為這樣的差異性，當遇到某種類型的外貌、身材或氣質，就會比較容易產生一種遐想。所以，你要了解這些外在的引誘是怎麼產生的。

三：營養不良

第三種，營養不良。

比方說，三餐不正常，或是吃太少、吃不夠，在家裡都沒吃飽，或是吃得非常清淡等等。只要不滿足，很自然就會想要補充。

舉例來說，家裡媽媽要求吃素，爸爸跟孩子雖然沒有吃素習慣，但畢竟是媽媽在煮飯，待在家時也跟著一起吃素。但出門在外時便葷腥不忌，甚至大吃特吃，因為家裡沒肉可吃。

咱們華人很喜歡食補，有事沒事就吃個四物湯、四君子進補一下。到底有沒有補到該補的地方，很難說；要是補到不應該補的，就會出問題了。

就婚姻上來說，有些外遇的人不見得是心地多壞或刻意要背叛，就是因為在家裡「營養不良」，所以想要去外頭進補一下。有些時候，我們會開玩笑地說：要是家裡煮的東西引不起食慾，但飯又不能不吃，就到外頭找些好吃的東西開胃，然後再回家吃正餐。

以性來說，就像在外面看到帥哥、美女就會覺得引起性慾，然後再乖乖地回家吃「正餐」。

為什麼會一直想要吃零食？就是因為正餐吃的營養不夠，對零食的渴望就會比較多。如果在家裡沒有吃飽，在外面會想買個麵包，或是看到炸雞就忍不住想要買來吃。以性來比喻這樣的狀態，就是在家裡和另一半做愛的性致不夠，或是覺得不滿足、失去了新鮮感等等各種情況，導致不平衡、不滿足。

有一種媽媽很不會煮飯，煮得很難吃。如果你餓了，媽媽就給你一些白飯，每天都煮一樣的，炒個青菜、切個白切肉，變不出什麼新花樣，日子久了實在是難以下嚥，就是沒辦法滿足。

不滿足跟營養不良又是不一樣的。不滿足就好比你想吃肥豬肉，媽媽就偏偏不給你吃，或是不給吃太多，怕孩子吃太胖、不健康等等。也有一種情況是，如果你餓就多吃兩碗飯，但不給菜；或是先生不讓老婆吃蛋糕、甜食，或是太太不讓老公喝酒、吃火鍋等等，這些動作都會影響到你想要額外進補的慾望。

每次先生想要吃肥豬肉的時候，老婆就說：「那個不好，對心血管疾病有影響。」你想要吃牛油的時候，他說：「吃那個太油不健康。醫生說……」你想要吃的，他全都不給你，就變成一種壓抑，這樣的不滿足就會一直在你的生命裡面低迴，常會發出聲音提醒你：「我想要……我想要……」越是去禁止，越是去壓抑，就越容易出現管不住的情況。

用吃的方法來比喻性，你就會了解婚姻的性關係有所不滿足，便造成了外遇的發生。當然，這並不是絕對的，只是讓你了解外遇有這樣的可能及誘因。

四：用吃表達情緒

有些人很焦慮，或者是感覺很空虛寂寞、覺得緊張等等，這是屬於情緒上面的問題，一旦有這種情形出現，就會特別想要吃。

譬如說，有人一緊張就想要嚼口香糖，或是覺得空虛就想吃炸薯條；他覺得很寂寞

或很鬱悶，卻又沒辦法表達自己的情感，沒辦法跟別人講話，就乾脆多吃一點來滿足自己。

所以，在飯桌上常見到這樣的情形：會講話的人就一直講，吃比較少，不講話的人就吃比較多。因為每個人都一張嘴，要嘛就拿來講話，要嘛就拿來吃東西，講話的人很難一邊講一邊吃，所以講比較多話的人就吃比較少，不講話的人就吃比較多。

這只是一種比喻，就是當一個人比較不能表達情感的時候，他就比較容易用吃的動作來取代。將這個比喻轉換到性上頭，就是不會表達感情的人，就用性的方式來表達；他講不出來，所以用行動來取代。

譬如說，他很喜歡你，但他沒有辦法在言語上表示他的感情跟愛，就會想摸摸你，跟你上床。如果講不出「我愛你」，就用做愛時間長一點的方式來表達我愛你。當然，這也是一種比喻，並不是所有人都是如此。

有些時候，不管是男人女人，他就用高潮、拼命做愛來顯示他愛的深度與情感，這是一種代替的方式。這是一種心理上的問題，可以把它視為一個盲點，一個缺陷。

第六章　以食喻性（一）

我們再用吃的例子來比喻這種情形。

有很多媽媽很愛小孩，卻又講不出來，就一直跟你說：「吃啊，多吃一些。」媽媽不曉得該怎麼關心孩子，就煮了一大堆食物叫孩子拼命吃，因為她不知道該說什麼，就叫你來吃雞、來吃鴨、吃補湯、吃排骨、吃水果。

媽媽煮給你吃的目的其實很簡單。她只是想告訴你：「我想關心你，我很愛你。」可是，她嘴巴講不出這些話來，就只好一直下廚房，一直叫你吃、看著你吃，來滿足她想要表達的關愛。

或許她真的很愛煮，或是做的菜很好吃，反正她就是一直煮，卻不太跟孩子講話。她表達愛的方法就是煮飯給你吃，但除此之外，她似乎想不到什麼方法可以和你溝通。這種事情並不難理解，因為生活上常常看得到類似的情況。

有的先生不曉得怎樣跟老婆表達，既然老婆煮了就一直吃。所以，為什麼許多男人在結了婚之後就胖了？因為老婆不會跟你講話或談心，就一直煮給你吃，那你要表達接受或感謝，該怎麼辦？就吃下去吧，把她煮的東西全部吃光光，吃下去就表示接受

她的愛。這也是一種不太正常卻非常有趣的現象。

在這種無法用言語溝通的情況之下，就會變成用吃或是做愛來表達，解決心理上的不滿足。有些情人甚至不知該如何談情說愛，他們在一起能做的事，就是換一間又一間的餐廳來吃，用這樣的行動來表示我們感情很好，我們有在「互動」，有在「溝通」；除此之外，兩個人不知道該做些什麼有意義的事。

這樣的結果當然會很慘，兩個人一直吃，一年比一年胖，卻講不到什麼正經事。最主要的原因就是不能創造，能力不足。

Q：老婆既不幽默也不懂得調情，在外面應酬的公關小姐都能逗得我的心癢癢，回家看到老婆卻是一點情趣也沒有，很後悔當初為什麼要跟她結婚，還要繼續這樣無聊的生活嗎？

關於這個問題，我只能這樣告訴你：一山還有一山高。人，總會遇到一個比另一個更可愛的。就算你娶了這個公關小姐，她在家裡是不是也會一樣的可愛，還是能夠逗得你心癢癢的，也不見得嘛！她能逗你開心，只不過是工作上的一種專業。或者換個角度來說，那是她個人的興趣，可能她也會有你無法忍受的地方。

我的意思並不是指女人一定要含蓄保守一點比較好，會調情就比較不好，或是你一定得要忍耐老婆的不幽默、不可愛之類的缺點。每個人的個性、背景都不一樣，你不會的事情，就是進步成長要學、要練的東西。

最好的方法，就是兩個人能夠儘量溝通，一起學習，進步成長。人跟人在一起不是只有幽默跟調情，還有很多其它的事情可以做。或許你的老婆是木訥了些，但她一定有她的優點——可能很會持家，很會關心你，讓你覺得很有家的感覺，或是很會理財等等，每個人都有一些不一樣的優點。

那麼，你可以試著找出老婆的優點，培養一些幽默感跟你喜歡的個性，這一些都是可以學、可以練、可以改變的。不需要因為這麼一個缺點，就覺得彼此不適合，或是委屈自己過著無聊透頂的生活，要不然就是成天抱怨很後悔結了婚，還是離婚算了。

換個角度來看，你自己也應該要想辦法改變，成為一個幽默風趣的人。若是你老婆很無聊，可以換你去逗逗她，讓她開心、更活潑，這樣對婚姻會比較有建設性。

年輕的時候，你可能不懂得怎麼看人、不懂得怎麼選對象，那都是過去的事。要是婚後沒有繼續進步成長，這些問題就算到老了仍舊無解。

你所提到的這一些女孩，或許她的公關手腕很高明，很會調情，能讓你心花怒放；但也可能放在家裡一無是處也說不定，她的風趣幽默，不一定回到家裡還是一樣。她也會有你沒看到一面，不見得是你想像的那樣完美。

如果你看上她的理由只是因為很可愛、很會逗你開心，但娶回家之後才發現她完全不會打理家庭，家裡搞得很髒亂也不打掃，或是在家裡完全對你沒興趣，出門後跑去逗別的男人開心，或是花錢如流水，你賺的錢根本不夠她用……這些問題你有辦法接受嗎？

人都有優點也有缺點，不能因為只喜歡某個優點，其它的缺點都不算數，或者是只看到一個缺點就把它放大，其他的優點一概都否定掉，這是很不理性的。

婚姻要有全面性的考量，不是僅僅靠著一兩個優點就定江山了。至於婚姻能不能幸福，最主要還是取決於夫妻兩個人是否能夠溝通，不斷地創造婚姻的紮實感，不斷地增加彼此之間的

「愛情張力」。

婚姻要幸福，最後一道底線就是彼此都要進步成長。如果有一方不進步，再優秀的人也會遇到瓶頸，想要追求幸福是不會有結果的。這條路很長，一路上還有許多未知數，不是一天兩天的改變就可以決定一切，眼光要放長遠，才是王道。

一個人不會以往都不幽默，現在忽然變得幽默起來，除非他有進步成長，否則是不會改變的。如果你沒有改變，就是一樣固定的性格，不管遇到什麼樣的對象，一輩子都是類似的下場，而且只會愈來愈慘。年紀愈大愈沒體力、精神，甚至愈來愈不健康，兩個人的相處只會愈來愈無趣，當然感情狀況一定會逐漸惡化。

所以，結了婚以後，兩個人都應該要拼命地進步成長。如果你真的很喜歡愛情，就要用愛情為這個家貢獻，一起創造未來，這才是真正的人生。

第七章

以食喻性（二）

五：方便的習慣

我們常常看到外遇的例子，是第三者趁隙而入——有人很喜歡你，他要勾引你，他是近水樓臺的第三者，平常一起出差或是一起工作，或是人在國外，反正老婆不在身邊或是先生不在家，跟第三者相處之後便日久生情。

這是一種生活型式上產生的機制，並不是真正的愛情。它只是一個機會，就像前面所講到的：你並沒有特別想吃什麼，可是走到辦公室看到巧克力擺滿桌，那就拿一塊來吃吧。

「嗯，還滿好吃的，那就多吃兩顆，這個糖還不錯。」

這些糖其實是多餘的，不是正餐。那一般人呢，必須要有非常好的紀律，具備要求自己不能越線的克制能力，但常常不小心就會碰到，反正是免費的嘛，不吃白不吃，順手拿了就吃。

不管是不是落花有意、流水無情，當人家拿菸敬你，你一定會想：「好吧，應酬一下。」難以拒絕對方的好意，這也是被第三者趁隙而入的情況之一。

第七章　以食喻性（二）

本來你也沒什麼特別的企圖，對方跟你說：「這鳳梨酥是名產，吃一塊吧。」把這種例子比喻成性，性關係的發生似乎變得很隨便，可是，外遇往往就是這樣發生的。雖然不像吃這麼簡單，第三者要趁隙而入必須要有一些動作，就像是動不動示好或找各種機會貼近，世界上就是有人專門在搞這種心計。

「大家一起來玩一玩嘛，沒關係的。」帶去開Party，給你灌酒，用盡方式趁隙而入，外遇出軌的機會就發生了。

譬如說，你去國外出差遇到單身的朋友，他跟你說：「難得來一趟，我們玩一下嘛，不會有人知道的！」趁隙而入就是這個東西，發生在一般人認為不會出事的狀況裡面。

有很多外遇的例子，並不是這些人有多麼想要背叛婚姻，或是跟老婆相處不好，或是想要傾家蕩產、義無反顧地跳進這個無底洞，追求轟轟烈烈的愛情……，其實也不見得是這樣。但第三者就是有機可趁，見縫插針，用吃來比喻這個狀況，就容易理解了。

有些客戶希望你能簽下合約，有事沒事就拿菸給你抽，叫你去喝一杯，或是送名產給你吃，有事沒事就找你去酒店，把最正點的小姐叫出來陪你喝酒。對方熱情的態度讓

你盛情難卻，你拿了人家這麼多好處其實也不是故意的。於是，在酒酣耳熱之際，就簽了這個對你並不是很有利的合約。

往往預料外的事情就是這樣發生的，一切彷彿都是這麼地自然，這麼地理所當然。通常來說，會引誘別人外遇的人，也不見得真的就是壞人，就像客戶勸你喝酒，他也不見得就是存壞心。

這和人的觀念、個性都相關連，你拿人的手短、吃人的嘴軟，既然收了對方的東西，不可能完全都沒有「回報」。

客戶跟你說：「這個東西很好吃！給個面子，來吃一點吧。」就算你推掉一兩次，也不太可能每次都推辭，偶爾還是會拿一點來吃，這是人之常情嘛。但相對地，這也是人的弱點，也是個人的品格問題。

喝花酒常常也是這樣。你也不是真的想要去花天酒地，就是剛好同事邀約或客戶招待，像是日本人玩得更大，還有招待買春團的，各式各樣的管道跟途徑都有可能發生。

外遇有很多種，這是眾多比喻裡面的一種情況。這裡要說的重點是，有一種外遇是

第七章　以食喻性（二）

感情上面真正墜入情網的。

譬如說，他覺得他和第三者的愛情，是遠遠超越自己跟另一半之間的情感，這是一種。

另外一種的外遇，就是和第三者發生性行為，可是這個出軌對當事人來說並沒有太大的真實性。他只是這樣認為：

「我只是吃了一塊蜜餞，幹嘛這麼小題大作？」

「我又沒怎樣，人家就是向我敬酒，喝個兩杯嘛，為什麼老婆突然會發瘋？」

在當事人心裡可能覺得沒有什麼事，也沒愛上別人，只是多吃了兩個蜜餞、多喝了兩杯而已，就只是這麼簡單。

可是，對另一半來說，就如世界末日般地嚴重，兩邊的感覺差非常多。最不幸的是，當你覺得跟第三者做愛就是比跟老婆來得過癮，問題就大條了。

這樣的比喻是希望大家能夠更輕鬆地理解，但並不是指外遇是理所當然的、發生出軌是很正常的。我們要討論的重點是：外遇往往比你想像得還要簡單就會發生。

如果你的自律性不夠高，在某些情況之下，一不小心就可能擦槍走火。一旦發生了，你的人生從此將步入不同的軌道，一失足便成千古恨，再也回不了頭，但你並不希望如此！

當你拿東西給別人吃的時候，每個人的反應都不太一樣。有些人會說：「謝謝，我已經吃飽了。」即使他很餓，都不會跟你要東西吃；或是這不是他該吃的，他就會拒絕。但是，並不是每個人都這樣啊！有些人就是貪吃，就算再飽也會多吃個兩口，也有人是盛情難卻，沒辦法拒絕別人的好意，所以意思一下吃個幾口，其實他並不想吃。連不想吃的都吃了，那你說，想吃的豈不是更慘？

外遇，常常就是這樣不知不覺地發生。有的是露水鴛鴦一夜情，有的是朝夕相處日久生情。不過，就算這種感情是長久的，都不見得是真的愛情，說穿了，不過就是圖個「方便」而已。

好比說，你最喜歡吃的飯菜是老婆煮的。所謂的「方便」就像是外食，它的菜色不見得比家裡好，可是因為你忙，沒時間回家吃飯，所以就叫個便當，這就叫「方便」。

第七章　以食喻性(二)

很多時候，會出現外遇的原因就只是「方便」。他在外頭吃的便當還沒家裡的好呢！可是，因為在工作的地方很遠，或是加班太餓了，或是平常很少回家，或是剛好有人請客，或是剛好有人提供了便當；許多為了圖個方便的事情，就這麼發生了。

所以，不要以為外遇就一定是天雷勾動地火，一定都是驚天動地、纏綿悱惻的劇情。這也是個很有趣的點，外遇不一定像是電影裡面演的那麼刺激浪漫；也有許多外遇的案例是食之無味、棄之可惜的，也有很多人是吃了後悔莫及的，但東西已經吞進肚子，來不及吐出來了！

我們常會看到一些匪夷所思的外遇例子，而有這樣的疑惑：

為什麼家裡老婆這麼漂亮，丈夫會在外面搞一個這麼醜的小三？

他外遇對象的所有條件都比不上元配，難道他瞎了狗眼？

我相信你常會聽到這樣的問題。沒錯，家裡的老婆很漂亮，他也沒說不愛老婆。所以，為什麼男人就算外遇了，常常還是選擇不離婚？因為他還是很愛自己的老婆，不過在外面圖個方便，吃了個便當——雖然沒有家裡煮的好吃。

便當好不好吃不是重點，重點是在那當下就是肚子餓嘛，有些人還不小心多吃了好幾個便當。

就感情上來說，一旦克制不住精蟲衝腦的時候，一不小心就會發生外遇了。你要了解這些外遇是怎麼發生的，為什麼他會做出這樣的選擇，一切問題都會豁然開朗。

以一夜情來說，這種關係是暫時性的，反正性行為就是發生了，彼此並沒有承諾一定要廝守終生。不過，後面的危險性就高了，如果對方有興趣回頭再來找你的話，很容易就會發生第二次、第三次，慢慢就有感情了。

這就像做生意。有了交易的關係之後，慢慢就會培養感情，生意就可以發展起來。若是以吃的角度來看，就是吃習慣了，就會繼續點來吃。

譬如說，本來你並沒有很愛吃檳榔，但就這麼嚼著嚼著，吃習慣了以後就變得不能沒有檳榔，無聊時就得來個一兩顆解悶，接下來的日子可就慘了。你到底喜不喜歡檳榔呢？其實，這很難講，因為這個習慣是學來的，不是喝奶、吃飯那樣必要，但你已經變成不能不吃、戒不掉的型態。

再舉一個例來看。本來你不一定要喝咖啡的，可是每天下午都跟著同事喝一杯，慢慢地，就變成每天都要去喝一杯才行，只要不喝就覺得渾身不對勁，彷彿像中了毒癮一樣。

還有一種人，他自己不見得很愛喝咖啡，但還是常常陪著別人去品嚐咖啡。有很多人一定要在某個特定時間去做某些事情，變成是一種固定的習慣。不管是什麼樣的習慣，其實都不見得是好事，因為它會限制你的生活模式，好像沒有這個動作就活不下去一樣。

你可以想想：如果有一個人每天下班都習慣要跑一下便利商店，他上班前一定要喝一杯咖啡，加班一定要喝提神飲料，只要想事情就一定要來一根菸……這樣的行動，就會變成一個習慣的機制。

有些習慣往往讓旁人看到目瞪口呆。至於擁有那些習慣的人，完全不曉得自己這樣有什麼不好，有時候他也很無奈，但就是無法自拔，覺得非得這樣做不可。

一夜情也是一樣，會變成一種習慣。當它變成習慣之後，就很難去禁止或阻擋，最

後就像戒菸或戒毒一樣，戒的成效如何，要看各人的意願及情況。

有的孩子將喝可樂變成習慣，媽媽發現了，認為可樂喝太多對發育不好，於是家裡都不買可樂。孩子會怎麼辦？他一定會想辦法出去買囉！

老婆說：「不准喝咖啡！」偏偏老公想喝，怎麼辦？就跑去星巴克或是 7-11 解決囉！

所以，這種上癮的習慣，就是人生非常大的陷阱。生活裡有許多各式各樣的習慣，是一般人沒有辦法克制的藉口，影響著人生不斷地往下墜，自己卻毫無知覺，也無法停止。這些習慣的需求看似很單純，卻也是發生外遇的誘因之一。

有些公司為了員工的福利，會提供一些咖啡或小點心，休息時間可以喝公司的咖啡、吃點零食或餅乾等等的點心。有些人因此不吃早餐，或是利用這些點心充當正餐、把咖啡當水喝，養成了不良的習慣。

若是從「方便」的角度延伸出去，搞不好公司還可以提供「性生活」的服務。乍聽之下似乎很可笑，不過從前古代軍隊就有軍妓的編制，就是讓士兵可以發洩性慾，不會去強姦民間的良家婦女，造成不必要的衝突與糾紛。

生活裡面常會碰到的狀況，就像是下班途中碰到檳榔西施或是擺攤辣妹，你每次都從那邊經過，她就向你兜售，鼓勵你多買一些東西，你跟對方混熟了之後，就做個人情多買了一些。像是理髮店、按摩店等等地方都有可能發生，這就是生活上面的「方便」。

「先生，累了嗎？進來按摩一下。半節一節？」

「再洗個頭吧，精神會好些。」

在日常生活裡，洗個頭不是很簡單的小事嗎？這種方便的事情，久了以後有可能變成生活裡面的小插曲，只要一個情緒引發共鳴，就會有出軌的狀況。偶爾聊著聊著，接觸久了，就發生火花了，於是外遇就這樣發生了。

六：不吃太可惜

第六種，不吃太可惜，也就是某些食物對你來說，有著無法抗拒的吸引力。

「哇，我沒看過這麼好吃的！」

「我沒試過這麼棒的東西，不吃一定會後悔。」

這是一種極度難以抗拒的引誘。換一個角度來說，這是你心甘情願選擇的決定。

譬如說，你很喜歡吃甜點，但有糖尿病不適合吃。有一次路過了一家以糕點聞名的店，你走進去晃了一下，見到許多從沒有看過的精緻點心，忍不住就買了幾塊解饞。至於後果會怎樣，早就拋到腦後去了。

在朋友的聚會上，有一瓶全世界找不到幾瓶的陳年佳釀，在這樣難得的機會，你就決定多喝一杯。這也是一種外遇的動機。

「哇，從沒有看過這樣子的女人！」

「噢……怎麼會這麼有吸引力哪？」

眼前的這個人讓你心花怒放、小鹿亂撞，就算吃了會胖、會死，你還是決定拼了。這種態度，會讓一個人碰到外遇。

其實，你也不見得會餓，也不見得真的喜歡，尤其是那些你從沒見過、沒吃過的，怎麼會知道喜不喜歡？但就心理上來說，既然機會難得，那何樂而不為呢？人生難得幾回醉，那麼，就今朝有酒今朝醉吧。

一個滿載而歸的獵人見到一頭漂亮的鹿。雖然他並沒有非到手不可的壓力，但眼前這隻鹿實在叫人心動，獵人還是很難不舉槍；他會告訴自己沒有理由放過，因為這是千載難逢的機會啊！

換個場景來看。今天突然一個性感的美女對你投懷送抱，或是偶像劇才會出現的帥哥主動搭訕之類的，對多數人來說是一個難以抗拒的誘惑。只要你把持不住、禁不起引誘，就身陷其中而難以自拔了。

七：相見恨晚

第七種，相見恨晚。有一道世間難得的美味佳餚，你非常希望有一天可以吃到。等到有機會吃的時候，你已經老了，身體狀況卻已經不允許了，這道菜對你來說太油膩，

吃下去會影響健康，但你還是很想要吃它。

這個例子，轉換到感情上就是所謂的「恨不相逢未嫁時」，也是很無奈的一種情況。就好比說，你對某個人一見鍾情，有一天你終於遇到夢寐以求的夢中情人，但你已經結婚了。

假設你從小到大就對理想的對象有一種想法，可是長大之後漸漸淡忘了。有一天，心目中的夢中情人終於出現了，他彷彿就是你一生都在等待的那個人，你對他非常心動；或是對方告訴你，你就是他在茫茫人海中找尋的人，故事就這樣開始了。

其實，那個對象對別人來說，也不一定有什麼特別，可是你就是對他有感情，所以才會一見鍾情。這種魂牽夢縈的感覺，可以讓人好幾天都睡不著覺，滿腦子想的念的都是他的身影，不管怎樣就是沒辦法阻止自己不去想，而且是瘋狂的失控。

好，夢寐以求的對象終於出現了。要是他跟你很談得來，時機又剛好配合的天衣無縫，當然就很容易會引發激情。

或許，你的理智會告訴你：「不行，我已經結婚了，不能這麼做。」但又會出現另一個聲音：「放棄？我朝思暮想的，不就是這一刻嗎？」心裡出現痛苦的拉鋸戰。只要衝動的念頭強過於理智，外遇就會發生了。

這種「恨不相逢未嫁時」的魅惑力，以吃來講，就是「我從以前就希望有朝一日能夠吃到這樣的東西。」能夠吃到這東西，是你午夜夢迴都會出現的心願，根本無法放棄；當你吃過了以後，就會一直想再吃，因為在你心目中，它就是那麼好吃，你也絕對不會輕言放棄。

在外遇裡面，這種執念就真的很嚴重，非常難化解。若要叫你放棄，那種不捨簡直是讓人心如刀割，所以才有人會為愛瘋狂，就算傾家蕩產、身敗名裂，那又怎樣呢？反正愛不就是轟轟烈烈嗎？

第八章

外遇的案例

外遇的狀況太多了，不勝枚舉。在這個章節裡，我們要來討論一些外遇的案例。這些都是真實的案例，每個人遇到的情形不一樣，我們只是把它提出來做為參考，同時也做一些簡單的分析。

藉由這些實例，大家可以看看出軌之後到底會變成怎麼樣？選擇外遇會得到什麼？會損失什麼？這樣做到底對人生有什麼影響？至於好不好，就見仁見智了。

一：定出規則，守住底限——Peter

這位 Peter 先生很有意思。他跟老婆的關係還算不錯，生了一子一女，孩子也都長大了，親子之間的關係也很不錯。

不過，他跟老婆之間有一個非常有趣的協定：如果老公到其他的國家出差，那麼，在性關係上可以任由他為所欲為，但絕不可以和對方動真感情，算是眼不見為淨吧。不過，若是在國內出差工作，這種事情就不允許發生，也就是在自己能夠管束的勢力範圍之內，絕對不縱容 Peter 胡搞瞎搞。

Peter 的老婆自己也心知肚明，反正放出去的男人就像脫韁的野馬，再怎麼限制也是防不勝防，大家有個底限就好。Peter 因為工作上的需求，有一段時間就會去國外出差，也會在國外和別的女人發生關係，但他老婆都是睜一隻眼、閉一隻眼。

不過，Peter 也謹守當初所協議的界線分寸，在老婆同意的底限內不敢隨便越雷池一步。多年以來，夫妻兩人這樣相處下來，也都相安無事。現在他們兩個人都過了六十歲，孩子們也都結婚了，感情也不錯。

這個例子，並不是要討論夫妻這樣的協議究竟是好或不好、對或不對。這就只是兩個成人約定的遊戲規則，既然答應了就應該信守承諾，這才是成熟的表現。

他們夫妻兩個人相差十歲，年輕的時候感情非常好，後來有轉淡一些——當然啦，要是有人一天到晚在外面搞外遇，很難能夠一直都能保持的甜甜蜜蜜，老婆心裡當然不是很舒服。

但是，能這樣一直撐到六十幾歲，大家還是在一起廝守到終老，家庭還是相安無

事、圓滿和樂，也算是非常不簡單了。

二：愛慕虛榮，自我陶醉——Lucia

Lucia 結婚十五年，兩個孩子都唸國中，大約有十幾歲的年紀了。她的外遇不只一次。她的理由是覺得自己跟丈夫不投緣，心裡非常空虛寂寞，在婚姻裡並沒有被了解的感覺。

不過，Lucia 自己是很虛榮的人，心態過度於自我膨脹，說穿了，外遇並不是想找一個瞭解她的男人，只是想找一些刺激罷了。她常常會莫名地陷入這樣的陷阱，沉迷於這樣的性愛關係，甚至把這種桃色交易當成是一種愛情，一種自我陶醉的滿足，盲目的沉淪。

有些時候，女人會對愛情有些迷惑，不太清楚到底什麼是愛。以 Lucia 來說，她很天真地以為男人跟她有了性愛關係之後，就表示對方是愛慕她的；其實這是完全不相干的兩碼子事，性愛並不等於是愛情。

Lucia的結果就沒那麼幸運了。她最後搞到要和先生離婚，而且決定嫁給了外遇的對象。不過，即使嫁給了情夫，最後還是以離婚收場，仍然無法享受真正愛情的甜蜜。她以為在感情上佔了便宜、找到了真愛，結果其實是得不償失，不僅賠了夫人又折兵。

在這過程當中，還有很多曲折的故事。在激情發生過後，Lucia發現外遇的對象並沒有自己想像地這麼愛她，原本的孩子也不屑跟這個媽在一起，搞到最後又離了第二次婚，Lucia希望和前夫再續前緣，但前夫抱著「好馬不吃回頭草」的態度，讓她再也回不去原本的家庭。

其實，這樣的情形在目前社會裡是很普遍的。原本Lucia擁有一個很美滿的家庭，只因為自己的虛榮心，最後搞得夫離子散、烏煙瘴氣，的確值得讓人深省。

三：不甘心，也不放手——Yale

Yale夫妻倆結婚大概有二十年了，但他的老婆愛上了自己的同事。其實，他的老婆在婚後沒多久，就已經愛上了他的同事，只是兩人並沒有發生性關係。不過，這種曖昧不明的關係一直存在著，直到外遇真正發生的時候，差不多已經是婚後十六年的事。

有時候Yale不在家，同事會借機來家裡作客，就變成孤男寡女共處一室的情形。他們夫妻住在紐約，當先生回到台灣時，這個同事就會去紐約，先生回去紐約時，那位同事就會回台灣。

其實，Yale自己也有感覺自己的老婆可能有了外遇，但是彼此就是不想撕破臉，也開不了口去跟老婆攤牌，尤其Yale的態度是堅持不離婚。雖然他不離婚，卻因為老婆拒絕跟他同床，所以他也開始在外頭找女朋友。

他們養了兩個孩子，夫妻兩個人就這麼過著分床的生活。Yale很堅持，他絕對不會「先」背叛他老婆，就算要離婚，一定是太太提出要求他才會考慮，他絕對不會自己主動先開口提這件事。

其實不管 Yale 要不要離，都只是他自己的執著罷了。這樣貌合神離的婚姻，跟離了婚沒什麼兩樣，只是裝裝樣子，讓孩子以為家裡還有爸爸媽媽罷了。等到二十年之後，太太終於提出要求離婚，Yale 也終於簽字了。

在那之後，Yale 也跟別人再次結了婚。不過，他再娶的老婆最後還是跟別人跑了，下場其實還滿悲慘的。現在 Yale 已經七十多歲了，就算想要再去外頭風流，想要重新找到幸福，似乎也無能為力了。

而他的老婆也是鬱鬱寡歡，臉上很少有笑容，跟孩子的互動也不好，而且離了婚之後竟然也沒再婚，讓一個家庭變得破碎不堪。這種故事其實會讓人心碎，心裡非常難受。

四：牡丹花下死，做鬼也風流——Stanley

Stanley 的情況是，他瘋狂地愛上了一位比他年輕十五歲的女孩。他的愛很瘋狂，一直希望能夠呵護、寬容這個年輕女孩，偏偏這女孩一直劈腿，讓他很難堪。不過，Stanley 仍不輕言放棄，他執著的程度簡直可以用死纏爛打、陰魂不散來形容。

就這樣歹戲拖棚，最後搞了老半天，竟然也還是讓他們結成婚了。不過，結了婚之後，老婆還是依然故我地把劈腿當成家常便飯，最後還要鬧離婚，而且離婚是老婆主動提出來的，不是 Stanley 要的結果。結局可想而知，這個家庭被搞得亂七八糟，雖然 Stanley 百般不願意，但終於還是離了婚。

離了婚之後，Stanley 過得很悽慘。從兩人認識在一起到結婚的前前後後，大概也耗了七八年，最後不僅人去樓空，自己也賠了很多錢，才發現根本是一樁勞民傷財的賠本生意；而且自己年紀也大了，心也碎了。

我們可以來研究一下 Stanley 究竟是怎麼一回事。其實，他最大的問題是太好色，堅持一定非這個女孩子不娶，為她的美色所迷，根本不在乎對方的人品是不是有問題。

如果女孩子有些姿色，稍微向他撒嬌一下，就能把他吃得死死的。即使 Stanley 知道自己的老婆跟別的男人睡在一起，他還是摸著鼻子吞了下去。反正只要這個女孩表現出愛他、陪他，跟他睡覺、好言個幾句，他什麼事都可以當作沒發生，就算被騙還是心甘情願，怎樣都是不肯放手。

為什麼？只因為老婆漂亮，更會撒嬌。光是這一點，就吃定了他。

Stanley 雖然知道這樣下去只會死路一條，他也知道老婆死性不改，最後還是任由對方予取予求，搞到自己落得一個悲慘的下場。

其實，這全是因為 Stanley 好色所造成的結果。他在這段感情裡除了美色之外，根本沒有得到什麼好處，明知是個陷阱還是跳下去。他就是「牡丹花下死，做鬼也風流」的一號代表。

五：剪不斷，理還亂——Cheney

接下來，我們要看的一個例子是 Cheney，他是一位老師。Cheney 在結婚之後生了一個小孩，然後就跟另外一位女老師發生外遇了，也生下了一個女兒。但是他並沒有離婚，而是在外頭跟女老師同居。

這位女老師很會煮飯，對 Cheney 的生活也照顧得相當妥善。直到年紀老了，兩人有夫妻之實卻沒有夫妻之名，這樣的關係維持了將近三十年。

不過，等到 Cheney 退休了之後，他跟外遇的女老師並沒有真正在一起。他們還是分居兩地，偶爾會有聯絡，因為有個小孩。但是，Cheney 畢竟有原來的家庭，所以也不能明目張膽地跟第三者有什麼天倫之樂。

說來其實也滿傷感的，對 Cheney 來說，兩邊都是他的家庭，只是一個在檯面上，一個在檯面下。而他兩邊的孩子跟他關係都不好，也不親近。最終，大家就這樣年華老去了，所有的風雨都漸漸化為平淡。

現在 Cheney 一個人過著寂寞的生活，這樣的選擇到底好不好？如人飲水，冷暖自知。如果當初他要選擇外遇，就得準備好去接受過著這樣的人生。

六：愛你愛到殺死你——Edward

Edward跟老婆生了一個女兒。他很愛自己的老婆，老婆美麗又大方，而且他自己也相當有才華；在旁人的眼中，Edward跟他老婆可算得上是一對神仙眷侶。

很不幸地，Edward的老婆有了外遇，瘋狂地愛上了另一個男人。從那之後，老婆就整天打打鬧鬧，搞得家裡雞犬不寧。

Edward各種手段都用盡了，還是擺不平。最後真的想不到招數了，他決定使出最後一步：把老婆殺了，結束這段孽緣。

殺人必須付出代價。Edward雖然沒被判死刑，卻也去牢裡蹲了好些年。出獄之後，他還是跟一般人一樣必須過日子。後來，他有再交一個女朋友，不過並沒有想要再結婚的念頭。於是，他就這樣過完了一生。

Edward當時所做的決定，在旁人看來的確是滿恐怖的，原本好好的一個家庭，就這樣被他親手給摧毀了，孩子也無法原諒他，實在是想不開。外遇會有什麼樣的結果？真的要看個人的造化了。

人應該理智一點，既然不愛就算了，何必要搞到殺人的地步呢？學著放愛一條生路，學著讓胸襟更豁達，才是人生的正道。

七：出軌當炫耀——Andy

Andy是一個業績非常好的銷售員。他的工作經常需要出差，去賣一些高價位的產品，跑外務的時間佔生活中相當大的比例。

Andy在結婚的第一年就有了外遇。他長年累月都在外面跑，幾乎可以說跑到哪兒就在哪兒風流快活，身邊的女朋友一個接著一個換，而且一直都有性關係，二十年來從來沒停過。後來孩子養大了，家裡經濟非常好，資產很多，老婆也很漂亮，在外人看起來是光鮮亮麗的的上流人士。

不過，Andy講起話來常常瘋瘋癲癲、三三八八的。他會講自己的豔遇、瘋狂的性愛，甚至把這些事情當成是理所當然，好像在他這樣的環境，有外遇這種事情是司空見慣的，而且還可以拿出來跟旁人炫耀。

站為旁人的立場，老實說，一般人真的很難忍受。他在老婆面前不會講自己有多麼瘋狂，但是在朋友面前就講到天花亂墜。

人嘛，總是物以類聚，一定會有些朋友也喜歡講這些風花雪月的事。這些朋友八九不離十都是有過外遇經驗的人。

Andy的心態就是「老子有錢」，想幹啥就幹啥。他外表看上去一表人才，是品味卓絕的社會菁英，要住就住高級的旅館，要吃就吃最貴的食物，要開就開名貴的跑車。而且，做銷售員的必要條件就是會講話，他的生活裡常會接觸到很多有水準的客人。

但是，這些所謂的「水準」是怎麼解釋？就是物質生活很好，知識水準很高，大家都穿得西裝筆挺，都是很識貨、懂名牌，懂得上流社會怎麼吃喝玩樂的人。雖然外表

都光鮮亮麗，其實私下的道德非常敗壞，跟妻子、孩子的關係都不好。

那麼，他的妻子到底知不知道？其實應該是知道。他太太是屬於溫和型的個性，即使老公這麼會賺錢，家裡不愁沒錢花，她還是有一份朝九晚五的正常工作。

後來 Andy 退休了，老婆還沒退休，他偶爾還是會去接太太下班，跟太太在一起吃飯，該有的正常家庭生活都有。至於孩子的生活則不太過問，反正就是不管他們想要幹什麼，錢都不是問題；可是，家人的互動上是大有問題的。

這樣的家庭，這樣的生活，不免讓人好奇想問一句：這樣有意思嗎？

這是個人的事情，外人沒有辦法評斷他這樣的生活到底有沒有意思、快不快樂。可能老婆認為有錢就好，老公在外頭怎樣風流都無所謂；先生有本事拈花惹草，也因此而沾沾自喜，家庭並沒有因為外遇而分裂，不管怎麼風流揮霍，也是一種生活的選擇。

精神外遇

一般來說，我們會把精神外遇做如此定義：對性伴侶以外的另一個人，有一種性關係的嚮往跟渴望。

有兩種情形，一個就是完全在性上面，你只是想跟他上床，跟他發生性關係，有強烈的肉體慾望，或是很想抱他、親他，跟他有親近一點的關係。這完全是一種迷惑，卻很令人銷魂陶醉而無法自拔。

還有一種情況，就是精神上已經愛上別人，心裡完全沒有辦法離開，一天到晚想著他；可是這種感覺基本上仍與性有關。

如果真的愛一個人的話，你會祝福他，不管他跟誰在一起，都會希望他可以過得幸福快樂。就算你再怎麼喜歡對方，最多也只會表示好感而已，不會在大庭廣眾之下表現非常地突兀，讓對方很難堪。

當你愈是愛著他，愈會為對方保留空間。尤其像是精神外遇這種情況，就算喜歡也只是放在心裡而已，彼此還是保持一個距離，言談舉止當中還是必須非常得體。這就是品格的事，也就是個人的選擇，水準因人而異了。

如果你已經想入非非，想跟對方上床，想要去親吻他、佔有他，在精神上一直這樣幻想，實際上並沒有做出來，其實也是難免的。這種感覺是一時的衝動，但你的理智讓你沒有做出脫序的行為，也沒有給對方造成困擾，那就是個人隱私的秘密啦。

有些時候，是人都不免會有這樣的幻想、渴望與迷戀，但不能因為精神上的想入非非，到了一種跟配偶都不能相好、生活都不正常的程度，這樣的情況就有點太過份了，就需要一些品格上的克制。

這些選擇都沒有所謂的對錯。只是，你要理智地遵守自己的承諾，還要謹記對另一半的尊重。若因為你的決定而影響了配偶，打亂了自己的生活步調，當然，你就得要去承受自己創造的一切。

一個人怎樣才會踏入陷阱？怎樣才會被迷惑？為什麼會有不正常的渴望？那些都不是外遇最重要的問題。最關鍵的重點是：你要了解做出選擇之後會有什麼樣的結果。當你知道這些選擇必須付出怎樣的代價，才有辦法決定一條最生存的路。

正所謂「千金難買早知道」，許多人若知道後果，就不會做出同樣的選擇。不必後悔昨日做的決定，只是你得仔細想清楚：這真的是你要的？真的是你所希望的？這才是人生的重點。

第九章

外遇的理由

在這一章，我們要來談到外遇的基本理由。

我相信，或許你曾聽說過各種五花八門關於外遇的理由，只不過這些理由，絕大多數都只是為自己脫罪的藉口。以下所提到的幾點，把那些藉口毫無保留地掀開，直搗問題的核心，讓你了解為什麼會有外遇的情況。

一：不能溝通

溝通不良，是絕大多數外遇案例最主要的理由。當夫妻之間沒辦法講話的時候，就會想要找別人傾訴心聲。一旦有機會找到可以引起共鳴的人，就容易發生外遇。

來找我做婚姻諮詢的夫妻檔，我常常會鼓勵他們把心裡的話講出來，不要擔心另一半翻臉。夫妻之間若是沒辦法把話講到完，有問題沒辦法講到底，抱著「算了，那就這樣吧！」

「他應該是那樣想的吧。」

「好吧，這件事情點到為止就好，咱們心照不宣就行。」然後就不講話了，這樣就一定會出問題，因為事情並沒有解決。

夫妻在溝通上面有障礙，沒辦法了解對方發生了什麼事、心裡有什麼感覺或是有什麼想法，兩個人整天大眼瞪小眼，什麼事都悶在肚子裡不說出來。就算你感覺到另一半不太對勁，也不敢去問到底發生什麼事，彼此都假裝什麼都不知道，抱著井水不犯河水的心態。

久而久之，就會變成貌合神離、有名無實的夫妻，發生外遇也不足為奇，就算沒發生外遇，心裡也會不舒坦。

二：不會創造

有些夫妻外表看起來郎才女貌，簡直是天生一對，但是他們在一起不會創造，就會出問題。

所謂的不會創造，是指沒有辦法真正的去製造甜蜜的愛情。就算所有家庭的責任都盡到了，生活仍會過得很無聊。

舉個例子來說明。先生很努力工作，每個月的薪水都有拿回來；老婆很會相夫教子，包括理財、家務都做得很好。乍看之下，一個家庭應該盡的責任他們都做到了，可以說是模範夫妻才對，但最後還是發生了外遇。

為什麼？因為不會創造愛情的甜蜜，彼此相處的張力不足。

生活中最常見的情況是，先生除了工作就是看報紙、看球賽；那太太除了煮飯、洗衣、帶小孩之外，哪裡都不肯去，或是就只有打麻將、看看電視、出去大採購，沒有什麼特別有意義的事情。

或許有人會說：生活不是本來就這樣？每天忙著柴米油鹽醬醋茶都沒時間了，哪有空閒去搞那些名堂？

婚姻最後不就是這樣嗎？幹嘛一定要結婚呢？

當然啦，能夠創造多少浪漫與激情是因人而異的。生活本來就是一種藝術，創造從來就不是簡單的事。

譬如說，有的人不會約會，每次出去都一副呆呆的樣子。有的人約會就像個情場老手，隨時都很歡樂，處處都有驚喜，為什麼？這就是看你會不會創造。

要是你什麼都不去創造，一定會過得很枯燥。枯燥的日子過久了以後，陷阱自然就會跑出來，外遇的機會就有可能會出現。

如果夫妻兩個人都不會創造，彼此也都覺得無所謂，那也相安無事。但是，夫妻當中只要有一個人比較會創造，和另外一個不會創造的人相處久了，這種狀態就會失衡。如果有機會碰到一個很會創造的對象，或是感覺很投緣的人，後面事情會如何發展就很難說了。

對於希望創造的人來說，日子很無聊、很枯燥，他就會想辦法去紓解這種無聊的情緒，跑去另外發展。所以，這是外遇的第二個理由：不會創造。

三：不懂經營

不懂經營跟不會創造有一點點的差別。感覺上是有些類似，因為溝通也是一種創造，也是一種經營。在這裡把它細分出來討論的理由，是為了讓大家更明確了解什麼是「經營」，經營對於婚姻以及形成外遇有什麼影響。

不懂經營是什麼意思呢？聽到「經營」兩個字，大家就會想到管理生意，或者是經營公司等等商場上的事情，這些事情應該是自律的、有頭緒的。早上該做什麼、晚上該做什麼，禮拜天做什麼、淡旺季該做些什麼等等，每件事情都有很多的規矩。

既然你打算要去經營它，重點就是一定要有「計畫」。

簡單來說，有計畫的經營就是「在這個時間點，我們要做什麼」。你要打個電話，有些牽制，或者是要有「管」的動作。生活中的管理，就是愛情中不可或缺的經營。

有人會問：老婆用管的，到底有沒有用？我明白告訴你：很有用。先生在意有沒有用？很有用。重點是你會不會管。

你不要以為這個「管」很討人厭，讓人綁手綁腳。其實，夫妻之間應該要管的，這就是所謂的經營。先生要管老婆，老婆也要管先生。至於怎樣的管能夠讓對方覺得舒服，而不會心生反感？那就是一門藝術了。

緊迫盯人、什麼芝麻小事都拿來碎碎唸，當然不會讓人很舒服，每天奪命追魂call，或是拚命傳簡訊查探另一半的行蹤，這種管法只會讓人覺得不被信任。但是，若你完全不去管它，最後一定會完蛋。

在婚姻裡，不需要做到緊迫盯人的地步，但不能完全不管，讓他自生自滅。懂得經營跟不懂得經營，會有非常不一樣的結果。

比方說，先生下班了，當老婆的一定要跟老公講講話。他晚上還要出門，要去哪裡？什麼時候要回來？他跟你說好的時間還沒回來，記得要打個電話，加了班要提醒他多吃點維他命……像這些看起來很平常、很簡單的動作，就是經營。這跟創造是不太一樣的。

創造比較像是製造兩個人的情趣跟甜蜜，重點是怎麼樣讓兩個人的愛情一直保持張力。至於經營，簡單來說就是管理，就是你要知道對方發生什麼狀況，有沒有保持連繫，

出了問題該怎麼解決等等。

有些時候，老公在外頭幹什麼事，當老婆的人竟然什麼都不知道，老公每天跑夜店，老婆都不清楚，當然很糟糕。太太去哪裡，把房契拿去抵押，先生竟然完全都沒頭緒，就像老闆不知道公司業績如何，員工有沒有在生產，賺多少錢或負債多少都不清楚，這家公司的前途會怎樣？

不管是公司還是婚姻都一樣，只要沒有經營，最後就一定會出事。

所以，夫妻之間要不要管？當然需要。管到令人討厭自然是另當別論，我們要強調的重點是一定要盯，一定要管。如果先生管老婆管得很緊，老婆至少會比較規矩一點，會比較打扮，比較留意自己的身材，注意自己的氣質。換個角度來看，先生被老婆管其實也滿開心的嘛，畢竟結婚就是要有人來管，要不然多一個人要幹什麼呢？

兩個人的感情若夠好，其實讓對方管是頗為開心的一件事。關於這點，就得要體會過的人才能明白。

四：懶

換成更普遍的講法，就是怠惰、隨便，沒在做有意義、有建設性的事。

老婆結婚後就不再化妝了，整天像個黃臉婆，或是先生每天穿著一條運動褲躺在客廳打電動到半夜，不然就是整天看連續劇。雖然他待在家裡，卻沒幹些什麼正經的事，整天抽菸、喝酒、睡覺，日子過得很散漫。

還有更多的人，表面上是有工作，但回到家之後什麼都不想做，除了工作之外，他並沒有努力地讓自己的生活更具色彩。像這些情形非常糟糕，差不多只比吸毒好一點而已。

懶惰是一種無形的致命殺手。一旦懶下來，就在那邊天天打麻將，或是把自己吃得跟球一樣圓，什麼都可以不做，什麼都不想了解，哪裡都不想去；不想逛街、不去爬山、不去運動，更別說去拜訪朋友，成天像死人一樣坐在電視或電腦前面，真的非常令人討厭。

當你很懶散的時候，想要不出事都很難。

如果老婆跟你說：「我要出去。」

你隨便應一下：「嗯。」然後，繼續盯著你的電腦。

她去哪裡都無所謂，反正你也不想管。老婆去洗個頭可以洗個八小時，去買個菜可以買三天，你也不當一回事。要是懶到這種地步，你根本沒有在認真做你的職責、扮演好你的角色；要是另一半還沒有跟你離婚或外遇，那應該是你祖上積德，或是上輩子燒了不少好香吧。

五：走歪軌

幸福的路是一條康莊大道，大路旁邊不免還是會有一些羊腸小徑。走小路或許比較刺激，但相對來說風險也較大，要是你不走大路而選擇走小路，就要了解可能會遭遇到迷路、繞遠路、受傷、遭到毒蛇猛獸的襲擊傷害。至於選擇這條路值不值得，就看個人的選擇。

但所謂的歪軌，跟小路又不太一樣。感情上所謂的走歪軌，是指一個人不走正道，而且這條路最後不會走到目的地。

歪軌，就是我們都知道這條路是不該走的。會走歪軌的人，每天想的就是有沒有外遇的機會、有沒有刺激好玩的事情，跟人家跑去喝花酒，看看有沒有好玩的女人、有沒有可以上床的午夜牛郎之類的，玩猜拳脫衣的遊戲啦、吃搖頭丸啦、跟人家玩**3P**啦，到人家家裡去搞一些奇怪的事情，反正就是找各種機會跟別人發生不正常的性關係。

一般的良家婦女或是有婦之夫，有家室跟小孩，下了班應該會回家照顧家庭。就算有事不回家，也應該要保持溝通，是吧？可是，也是有那種一天到晚在找歪軌的人——不是你去找別人，就是那些不正派的人來找你。方向不對的時候就一定會出事，就像把車子開到河裡去，車子一定會壞掉，搞不好還會溺死。

像這種存心走外遇的類型是一開始就居心不良，會找上的對象通常不會有什麼好結果。如果你跟這種人搞在一起，陷下去的時候自己又很三八，瘋瘋癲癲的不知道在幹些什麼事，原本一個幸福的家庭就這樣被毀掉了。

六：好色

最後一個理由，也是人類天性的陷阱：好色。食色性也，只要是人，就一定會好色。好色並沒有問題，但克制不住自己的慾望就會出問題。

有些人看到別人的老婆很漂亮，或是別人的先生很英俊，心裡就蠢蠢欲動；只要帥哥美女獻點殷勤就動心了，想要跟人家上床，沒跟人家搞一腿絕不善罷干休。

有的人有了老婆，而且老婆還很漂亮，他還是到處拈花惹草，為什麼？好色嘛。天涯何處無芳草，走到哪裡都有美女，帥哥也到處都有，過個紅綠燈就可以看到好幾個，是不是？

所以，人若好色到無恥的地步，凡是喜歡的都一定要得到，外遇就不會停，這是個人修為與成熟度的問題。

我們再用吃來比喻好了。有個東西很好吃，你是不是就要二十四小時一直吃個不停？那吃飽了就吃飽了，一直猛吃對健康也不好，是不是這樣？

所以，好色不是什麼問題，只要是人，一定都會喜歡賞心悅目的事物。但每天都很好色，每天都精蟲衝腦，要不然就是想張開雙腿接客，就會很麻煩。

外遇的理由，基本上離不開這六個。從這些理由裡，你可以知道會外遇的人到底發生什麼事情？就是這些理由在作祟。

男人與女人在外遇上的不同

男人的外遇

男人是比較偏向用下半身思考的。

有一種男人就是只想要上床。一旦有了關係之後，他也沒什麼特別的感覺，性關係對這種人來說，就像抽一支菸、吃一頓餐、看一場電影沒什麼兩樣。

曾有人把外遇說成是「全天下男人都會犯的錯」。嚴格來說，這個錯並不是指外遇的行為，而是指對另一個人想入非非的感覺。除了自己的伴侶之外，每個人都有機會遇到自己覺得還不錯的心儀對象，至於會不會有進一步的發展，就完全看個人的操守與品格。

性交，本來就是人類的原始本能。一夫一妻的婚姻制度，是人類用來維持社會秩序所擬定的一種制約，一種遊戲規則。你不想玩這個遊戲，大可不必遵守這樣的規則，但只要進去鬧場，就必須有被驅逐出場的心理準備。

至於不按牌理出牌、不玩這個遊戲，或是玩了卻又不遵守規則的人，並非沒有生存下去的機會，不管你怎樣走，最後一定還是有路可走，只是你必須付出該付出的代價。

偶爾發生一、兩次並不是沒有關係，但在某些情慾衝動的時候，只要是人，的確難免會犯這樣的錯！不過，一天到晚發生外遇的人，就像把犯規當飯吃一樣，絕對是沒有人可以接受的。最好的方式，就是靠著進步成長讓自己腳踏實地，不會一天到晚想東想西，腦袋裡想的都是一些旁門左道，對你的生活沒有正面的幫助。

如果你有本事，你就玩大、玩個夠，玩得有意思也開心。但你若玩得很狼狽，玩到一身是傷，搞得人生悽慘萬分又悔不當初，這是何苦來哉呢？

也有一部分男人的外遇是這樣的。他心裡愛著第三者的時候，不見得一定會選擇離婚，在外頭也不一定會跟對方上床，可是在心理上就是精神外遇的狀態。

老婆雖然也知道老公在外面並沒有怎樣，但很明顯地，他的心思不在自己身上，這也是沒有辦法的，大家就只好彼此心照不宣——顧得住身體，守不住靈魂。

這樣的男人不見得就是不務正業的人。如果一個人可以正常工作，當好一個丈夫、做好一個爸爸，應該不至於誤入歧途到無藥可救，做出不理智的行為。

在男人來說，外遇大概就是這樣：要嘛就是純粹上床的性伴侶，要嘛就是他的心裡有另外一個人，實際的外遇可能發生，也可能不發生。但是，當男人真的愛一個女人時，他會保護她；尊重她，反而不一定會要求一定要有性關係。

然而，要男人跟一個他不愛的女人有性關係，反倒是一點也不困難。對普遍的男人來說，性跟愛是兩件事情，大部分的男人可以把這兩件事切割開來。

當然，這件事並不是絕對的，個案永遠因人而異，我們只是就多數男人的傾向來探討這件事。

女人的外遇

就女人來說，她會非常渴望被愛的感覺。

如果有人一直很喜歡妳，或是主動追求妳，讓妳沉浸在愛情的甜言蜜語裡，這個女人就

很容易被沖昏了頭，情不自禁地陷入情網；或者是兩方有很美好的性關係，有很刺激的性愛高潮，這種事情也會讓女人很迷惑。

因為性關係上的美好，對女人來說是非常具有吸引力的，這會讓她有被人愛著的強烈錯覺。尤其是當她在自己丈夫身上得不到這種被愛的感覺，或是生活裡缺乏這樣的激情，在不夠理智、不夠穩定的情況之下，就會發生外遇。

相較於男人對於性慾的重視，女人則是非常渴望愛情的滋潤。如果說女人在婚姻裡的愛情不是那麼地讓她覺得刺激、滿足，就容易發生精神外遇，尤其是當有人追的時候，很容易陷入這樣的陷阱。

至於會不會因為外遇而做出離婚的決定？相較男人來說，女人比較容易為了愛情放棄一切，很容易陷入瘋狂的狀態，很容易因為愛情出了軌，生活的其他領域就連帶出現了許多問題。

當一個女人喜歡或愛上一個男人時，往往會獻上自己所有的資源，包括自己的時間、金錢、精神以及身體，就算當對方的奴隸也甘之如飴——如果她以為自己被愛，或是自己深愛著對方。

當然，所有的例子都是因人而異。只是以比例上來說，女人在這方面就變得比較難以招架。一旦她被第三者吸引，很容易就會要求離婚。

在大部分外遇的案例當中，女人通常是吵著要離婚的一方，相較之下，男人還是顯得稍微理智一些，畢竟女人還是比較感性的。這個時候，如果男人沒有本事可以跟她進行良好的溝通，女人會變得非常不理性。如果溝通出了問題，愛情無法甜蜜，復合的機會不大，最後通常就只能以決裂收場。

以我所遇過的案例來看，不管是男人或女人，幾乎百分之八十以上的外遇都是不好的結局收場。可是，當事人都會告訴你：「沒辦法，當時就是衝動嘛！」它就是一種沒辦法克制的情慾，一種不理性、不成熟的幼稚。為了逞一時之快，卻要付出極為慘痛的代價！

其實，男人、女人只是在生理、心理上有不同的先天限制，還有不同的教育與要求，造成表現上的差異。若真的愛上一個人，不管男人、女人都一樣非常瘋狂，雙方所希望的境界是一樣的。會有怎樣的決定與結果，完全看當事人的品格、溝通能力以及保持理智的水準。

所以，奉勸各位還是努力進步成長，才是人生第一要事！

第十章

外遇的好處

外遇也是有好處的。只不過，這些好處只能對當事人來說，完全是以一己之私的角度來看，因為這完全是見仁見智的事情——你認為好，但是別人不見得也認為好；你很開心，但別人不見得跟你一樣開心。

這裡把它說成好處，是特別對當事人來說的。當然，對外遇沒興趣或是道德觀念特別強烈的人，這些好處說不定反而是壞處。

現在，我們就來看看外遇到底有什麼吸引人的地方，為什麼很多人就是心甘情願地掉入這個陷阱。

一：解一時之渴

這種感覺，就像你跑步跑到一半時感到非常口渴，就趕快想去找水來喝。剛好有人拿了一罐冰水給你，此時你明知喝冰水對身體不好，還是不管三七二十一把它喝下去，哪管會不會死？反正喝了就是過癮，逞一時之快，滿足當下的慾望。

第十章　外遇的好處

對許多外遇的人來說，他們心裡也知道這是不能隨便偷嚐的禁果，但「愈是不能碰，就愈要去碰」的刺激與興奮，並不是平常的婚姻生活會出現的。那種一時衝動的感覺，心中的慾火蠢蠢欲動，有一種非常想要的饑渴，對一般人來說，這就是一個非常大的陷阱，也是外遇之所以迷人的地方。

為什麼許多人會陷入外遇無法自拔？為什麼就是這麼情不自禁地墜入深淵？難道他們都不知道外遇會對自己帶來怎樣的傷害嗎？就算後悔莫及，又怎樣？就算萬劫不復，又怎樣？這就是非常有趣的地方。

因為決定要外遇，憑藉的就是一股衝動。埋在心裡的慾望告訴你，就是很想要、很想要。得到之後的痛快，應該算是一個好處吧！

解了一時之渴，或是逞了一時之快，滿足當時的一股衝動，或是有種一償宿願的痛快，這對當事者可以說是解了那種「沒做會後悔」的遺憾，了卻一個心願。

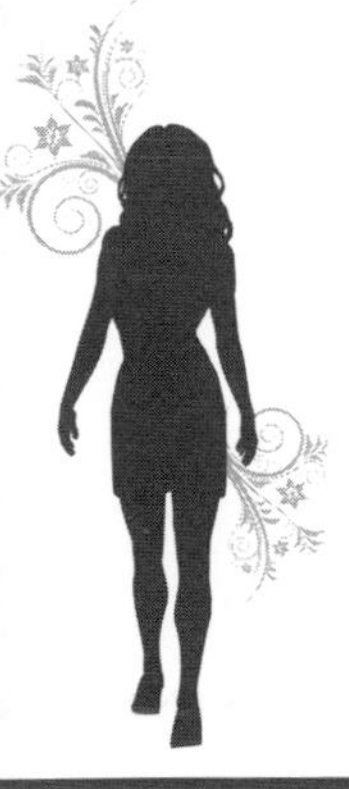

二：「原來如此」的領悟

外遇有一個很有趣的好處。不管外遇的過程是很羅曼蒂克的，或是把你搞得淒慘落魄，它都會給你一種不一樣的領悟。

有的人會認為：「沒錯，這個人才是對的。」

也有的人會認為：「原來偷吃的感覺是這樣，也不見得有多好嘛。」好不好吃是一回事，吃了也不過是如此，但決定之後就會發現，已經沒有回頭路了。那是一個很大的感慨，與其說是好處，應該叫做「原來如此」的體驗。

有些人在外遇之後有許多慘痛的經歷，搞得身敗名裂、悔不當初，最後也不過就是得到這四個字的結論：原來如此。

「喔，原來這麼搞下來，之後就是這個樣子。」

爽也爽過了，想嘗試的也嘗試過了，該了解的都了解了，應得的報應或是要處理的事情也都過去了，真的也不過是如此而已。那種感覺就像是：我曾經英勇地打過了這一仗，或是曾經為了愛情犧牲一切。最後經歷過了，想要的也到手了，不管別人怎麼看待這件事，都是你自己人生的一種經驗。

有些人搞外遇，是不在乎別人怎麼看的，反正他的態度是「不在乎天長地久，只在乎曾經擁有」。不過呢，這也是個人的見解。

另外也有一種就是自認風流倜儻，外遇表示自己有本事囂張、有本事得意，同時也走上歪軌，就像走上黑道一樣是一條不歸路，明知山有虎，偏向虎山行。

外遇之後，人生色彩是完全變調的，事業成功機率也大大的降低。不過呢，既然敢做就要敢當嘛！認識原來人生是這麼一回事，你經歷過一個很難解的江湖課題，所以，至少可以自豪地說：我風光過、瀟灑過、年少輕狂過嘛！自己給自己一個評論，自我得意一下。

另外一種好處是心境上的痛快。別人有外遇，我也有；他做過的，我也一樣做過了。他背叛我，我也背叛他，我也不輸人，我也知道別人在幹什麼，也可以拿出來吹噓一下。也就是說，你曉得外遇是怎麼一回事，也得意過，就可以甘心了。

三：為了證明自己還有魅力

這是一種不服輸、想要找到自己價值的心態，希望藉由第三者來證明自己還是有人要、還是有魅力的。有些心態比較不正常的人，甚至把外遇當成是一種炫耀的籌碼，有越多的外遇顯示自己在情場上戰功彪炳，是個萬人迷。

如果你搞外遇只是為了要證明自己很有魅力，我必須告訴你：這種心態非常幼稚。既然要證明自己很有魅力，你應該想辦法證明在另一半的身上，你應該讓另一半更愛你，要去征服的對象是你的伴侶。你應該想盡辦法讓他為你陶醉，覺得娶到妳真好、嫁給你是正確的選擇，而不是到外面去證明自己還有人要，還是風情萬種、還有人會追你，這並不是一個心智成熟的人應該會做的事情。

成熟的人就應該經營成熟的感情，在精神上要讓自己進步成長，懂得怎樣從一而終，懂得如何去愛同一個人，好好經營自己的感情，而不是一天到晚想著要怎麼證明自己在情場上還有價值，還有本錢去跟別人一較高下。

四：不吃白不吃

有些人的外遇，是抱著「不吃白不吃」的心態——反正是對方自己投懷送抱，我不吃豈不是吃虧嗎？能吃就是福啊。

有好處自動送上門，乍看之下的確是占盡便宜的事。不過，你應該要想的是：你幹嘛一定要吃呢？你已經飽了，人家叫你繼續吃，反正是免費的，你就盡量吃，吃到撐死為止嗎？是不是一定得這樣才算撈夠本？

基本上，這是一個人的品格問題。如果你已經吃飽了，人家叫你再吃，你應該說：「我吃飽了，謝謝你。」是不是應該這樣才合理？而不是人家叫你吃你就吃，或是免費的就一定要拼命吃，是不是？

不管再怎樣愛吃，如果飽了就不應該繼續吃，不該吃的就不吃，因為這是危害生存的問題。人是有所選擇的，是有理性的，不是一天到晚不吃白不吃，有人自動送上門來就非吃不可。你得記住一句話：「天下沒有白吃的午餐」。

誤以為是優點的迷思

外遇的優點就是一時的快感，就像偷吃一下的刺激，換換口味的新鮮感，你以為有機會可以選擇更好的對象，取得更多的資源。

但是，這當中有一個迷思：這些看似優點的念頭，都只限於還沒有結婚的時候。如果你已經結婚了，這種心態既不健康，也不成熟；若是對方也已經結婚了，衍生的問題就更複雜了。

有些人想要藉由外遇的方式，讓自己的另一半有危機意識，這種觀念也是很幼稚的。為什麼？因為這種心態基本上就是威脅，也顯示了自己的無能與無知。以愛情的角度來看，採用威脅的方式讓另一半有危機意識，就表示你並沒有足夠的能力去跟對方溝通，也不是真的愛對方，愛情當然會亮紅燈。

真正有能力溝通的人，絕對不會用這種方式做為手段；要是你認為另一半的態度有問題，應該針對他去解決問題，而不是找個外遇對象給對方刺激。真正的愛情，跟這種事情是扯不上邊的。當你擁有真正的愛情的時候，絕對不會有這樣的想法。

有些外遇的人會這麼說：我之所以外遇，是為了想要找到真愛，不要讓自己相見恨晚，想再給自己機會去試試看。這就像你已經有了一棟房子，還希望擁有一棟更好的房子，因為這樣的理由就一直換房子，換到滿意為止，對吧？

其實，每個人都應該要有個家，不管是金窩、銀窩，永遠都比不上自己的狗窩。感情的態度也是一樣，應該要擇你所愛，愛你所擇，而不是一天到晚坐在這一山，心裡總是想著另一座山，永遠都是彼岸的草比較綠，一直在那邊尋尋覓覓，想一些沒有建設性、不會有結果的事。

老實說，會有這種心態的人，生活一定不夠忙碌，不專心也不認真，沒在努力生產。你應該為了家庭、為了愛情不斷打拼，日子應該過得很充實才對，哪會有時間在那兒找來找去、想東想西？一旦找到了對象，應該繼續往前走才對嘛！你該想的是怎樣讓這個家更好，讓自己的愛情更幸福美滿。

在日常生活裡，常會碰到外遇的機會。但是，是不是一定要選擇這麼做？有些人就是想換一下口味，就是想要爽一下，一定要證明自己還很有魅力，或是藉此威脅另一

半……這些行為到底是不是優點，就要看你自己怎麼判斷了。是不是爽了一下就值回票價？為了多吃那麼一塊蛋糕，多吃一些冰淇淋，然後吃到體重過重、百病叢生，是否值得？

人生有得必有失，要能夠取得平衡點。如果不想過胖，就不應該吃那麼多；你不喜歡運動，身體就不會很健康，要是你希望很健康，就得多花點時間做點運動，注意保養自己的身體。

在愛情裡，外遇的平衡點到底在那裡？你可以交朋友，可以喜歡一個人，可以很大方地表示自己的情感。但是，你偷偷摸摸的搞東搞西，弄到人生失去平衡，這樣的決定到底值不值得？

你要自己去衡量，走在正軌上有什麼意義，外遇出軌又要付出什麼樣的代價，這些利弊得失應該先想清楚，就不會在外遇這個問題上有那麼多的困惑。

Q：為什麼男人在外遇的時候，常會比較偏坦保護第三者？

這是非常容易了解的。因為在那個時間點上，男人之所以會選擇跟第三者在一起當然有他的理由。要是他沒有要偏坦第三者，也沒有要保護她，那麼跟元配在一起就好了，當然就不必有第三者了，對不對？他必須為自己的外遇負責，為自己的藉口站台，要不然他有什麼立場？

因為不管怎麼樣，就算是外遇，他對第三者還是要負責任的，他會保護她、偏坦她也是很正常的。要不然為什麼要跟人家在一起？跟對方有了感情，又跟她發生了關係，不坦護她，那這段關係到底要幹嘛？仁義道德上也要給第三者一個面子，不是嗎？

要不然，這一切的事情都只是玩笑，或是逢場作戲罷了。若果真如此，第三者當然會很難堪！不過，在外遇的案例裡常發生這樣的情況，許多人就只是道個歉、給個錢就打算了事，從此避不見面，這樣的人也是不在少數。

不過，許多男人在外遇之後，還是非常在意元配的。因為他跟老婆還是擁有很深厚的感情，也非常在意老婆的一切，不管在經濟上、情感上，元配還是很重要的精神支柱。所以，當

出軌的情形發生了，這種拉扯的感覺真是滿複雜的。

只要是牽涉到感情的事情，很難說最後結果會如何。有時候，外遇的確是發生了，但男人也不見得都是偏袒第三者，所以「男人總是偏袒第三者」這句話不見得是正確的。有些例子是出軌的男人特別保護自己的元配，也是有這樣的人，因為他並沒有想要離婚。

可是，如果出軌的男人會偏坦、保護第三者，這是非常容易理解的心態。如果男人不這樣子做，第三者就離開了，或是她的處境可能很可憐，男人自己心裡也過意不去，因為這是他選擇要淌這個渾水的，是他自己招惹這個問題的。自己跟人家發生這樣的關係，又不去偏坦她，就等於完全沒有任何的感情與責任。

到底有沒有偏坦或保護，其實都不是重點。有很多人說得很好聽，說一定會扛起責任，一定會給對方一個交代，也只是在做表面功夫罷了。最重要的，還是不要發生外遇最好！人還是走正軌，在家裡好好經營家庭，享受天倫之樂，跟另一半擁有美好的愛情，這樣才是最舒服的生活方式。

第十一章

外遇的傷害

外遇的傷害不像它的優點那樣模稜兩可、見仁見智，因為當你走在正軌上時，這本來是不應該發生的事，所以外遇的傷害非常明顯，而且幾乎都會造成毀滅性的破壞。

一：破碎的愛情難以挽回

本來你已經結婚了，目標是和另一半建立一個美好的家庭，而且承諾相愛到老，卻因為外遇而把它給破壞掉。

或許，藉由專業的諮詢管道，可以挽回你的家庭幸福。但是在這過程當中，兩人之間浪費的時間、金錢與精神都無法估計；就像開刀動了一場大手術或是經過一場化療那樣的辛苦，損失非常大，過程也極度地痛苦，傷神又傷心。

把斷掉的繩子重新接起來，一定會有一個結。對於愛情來說，同樣心上會有一個傷痕，尤其是當一方還很愛你的時候，你做了這樣的一個毀滅性的動作是非常慘忍的，製造出來的傷害更是難以彌補的。

二：難以交代

外遇所造成的破壞，不管是對另一半、對子女或是親朋好友，都很難交代。身邊的親朋好友不管是關心你、幫助你或攻擊你，都會讓你很沒面子，感覺很丟臉或是辜負大家的期待；尤其若你平時的表現非常好，大家都非常信任你，一旦有外遇，掀起的波瀾將會更嚴重。

這種難以交代的壓力，往往會造成二度傷害。對內不僅會引起家庭風波，對外還會影響到工作。如果待在作風比較保守的公司，別人會對你有「私生活不檢點」的印象，甚至還會影響到未來升遷、職務去留的問題。

對家人、子女很難交代的這件事情，當事者自己是很難受的。或許，你可以決定捨棄掉跟老婆的愛情，還是可以很高興自己有了外遇，選擇了自己喜歡的對象，可是在整體的層面上來看，不管是家庭的分裂、輿論的壓力，都會對你造成非常大的傷害。

關心你的人，都不希望看到你變成一個拋家棄子的背叛者。其實對當事者來說，不管你是否認為他們說的對、在不在意旁人的眼光，這都不會是一件舒服的事情。你已經

破壞了別人對你的觀感，在別人的心中留下了不好的印象，這個信譽的損失相當難彌補回來。

三：精神上的耗損

外遇會對你的精神造成非常大的傷害，包括麻煩、負面情緒、不必要的質詢、多餘的溝通、不好的批評、異樣的眼光、讓人難受的表情、長輩的壓力等等。

你可能很有才華、很有賺錢的能力，可是一旦選擇了外遇，必須付出比平常還要多的心力，還得應付接踵而來的問題，消耗大量的精神。這都會對你日常生活造成非常嚴重的影響。

在經歷外遇的過程裡，常常會感到恐懼、擔心、不知道該怎麼辦，有很多忐忑不安的感覺，這些都是非常大的精神傷害。

四：傷害第三者

不管將來你選擇跟第三者在一起或是分手，你對他的影響都是一輩子的。因為他總是會覺得自己破壞了別人的家庭，他的愛情是從別人手上搶過來的。有些第三者甚至有自己的家庭，就造成兩個家庭的破碎。

若是你在外遇過程中與第三者有了小孩，對這孩子也是極為不公平的事，他必須一輩子承受別人視他為「私生子」的異樣眼光。有些例子是懷了孕卻又不敢把孩子生下來，就只好跑去墮胎，不管對男人或女人都不好。墮胎對於懷孕的女孩子除了有健康上的影響之外，還有極為嚴重的精神傷害，畢竟拿掉的是一條生命。

這些終身的傷害，會讓身心變得不健全，需要經過長期的修復。這種情況就像手術後的復健一樣，有些人走得過，走不過的就只好抱憾終身。

有些狀況是有外遇之後沒有選擇離婚，但另一半仍耿耿於懷，一輩子都把這件事拿來作文章，動不動就把它作為吵架或威脅離婚的藉口，想要不衰都很難。

你走過外遇的路，你以為事情已經過去了，可是十年、二十年、三十年，你的另

一半卻不曾忘記這件事情，大家心裡還有恨，一想到還是不舒服。這種傷害是難以彌補的。

五：對愛情失去信心

當你發生外遇之後，不管是你自己或是另一半，甚至是身邊其他的朋友，多多少少都會對愛情失去信心，不再相信世間有真愛，一點一滴逐漸失去愛的能力與創造愛情的動力。

如果家庭分裂，父母感情不好，孩子對婚姻也會失去信心，大家都會認定感情是不可信賴的，背叛是經常發生的。

愛情本來是可以很美麗，你的人生本來是可以很明亮。經過外遇帶來的摧殘之後，一切都變得黯淡無光，變得不再那麼明朗、有趣，大家對於感情都不再那麼認真，整個社會就會漸漸變成破壞愛情的人多、建設愛情的人少，婚姻裡最重要的忠誠也不再被人們重視。

這世間有這麼多的情歌，有這麼多的小說跟電影在歌頌愛情，原本大家都非常喜歡愛情，卻因為外遇的陷阱而對婚姻失望，對愛情感到破滅。如此一來，不管對家族、對社會、對整個世界來說，都不是一件好事。

六：對自己的傷害

對愛情失去了忠誠之後，你會開始看不起自己。你會感到自卑，覺得自己好像是個壞人，不僅傷害了另一半也傷害了自己，漸漸變得沒有自信，被罪惡感壓得抬不起頭來，你會認為自己不配擁有幸福，結了婚也會帶給別人不幸。

如果良心發現之後，又要做彌補的工作。但外遇這種事情，不見得每個人都能彌補得回來，若是再也沒辦法回到從前，就只能留下滿腹的無奈與悲傷。

有些人在外遇後無法自拔，就只好「一步錯，步步錯」，承受著永無止境的痛苦，也永遠無法原諒自己。

也有些人在經歷幾番波折之後，就變得憤世嫉俗，或是再也無法享受人生，永遠逃不出心裡的牢籠，甚至得到憂鬱症或是其他的心理疾病，這都是損失影響到生活的幸福快樂指數。

當你覺得外遇不值得付出這樣慘痛的代價，可是生米已煮成熟飯，千金難買早知道，知道了卻為時已晚。有時候因為外遇而失去了心愛的老婆，另一半吵著要離婚，或是對你失望透頂，一覺醒來之後已經人去樓空。

有很多出軌的例子，當事者並沒有很愛外遇的第三者，他只是抱著偷吃一下的心態，結果卻一失足成千古恨，另一半再也無法對你重燃熱情，就算沒有離婚，可是那種失落卻沒辦法挽回，代價讓人難以想像。

一旦你決定外遇之後，就像是走進單行道一樣，是沒辦法回頭的。你會發現，原來你的婚姻可以很美好，原來你的另一半是很不錯的，可是自己卻再也回不去了，只因為當初走錯了一步。

若很不幸地，外遇的對象不是好人，兩頭的感情最後統統都落空。但這又能怨誰呢？完全是你自己的選擇，就算再痛苦也只好啞巴吃黃蓮，自己吞了。

七：一輩子的債務

許多人以為就算有了外遇，這場風暴遲早會過去，最多兩三年後就沒事了。其實，有許多例子是過不去的，終身都背負著這個感情債，也永遠都償還不了。

你以為偷吃一下不會被知道，或是七、八年前年少輕狂的風流韻事，幹嘛還要再翻舊帳？反正外遇一定有很多的藉口，但不管藉口是什麼，要付出的代價是一般人難以想像的。

或許，你只是很單純地想：「沒關係嘛！道個歉、寫個悔過書，去賠個不是，三年乖乖坐在家裡就好了，他應該會原諒我。」

可是，事情往往不是你想像地這樣簡單。這筆感情債是永遠沒辦法還的，不是給個一百萬、一千萬就能了事，它衍生出來的利息，遠比借高利貸還要可怕。你一定沒有辦法想像它的傷害竟然這麼大，過了這麼久，你犯的這個錯還是無法被原諒！所以有些人承受不住，一時想不開就跑去自殺，非常非常可怕。

八：擺脫不了第三者

這種缺點就是已經得到了第三者的感情，卻又變得不想要了，然後沾得自己一身腥。有時候是被仙人跳，有時候被拍照威脅，吃不完兜著走。

不管外遇是為了虛榮也好，為了逞一時之快也罷，在激情過後，一切都會化為平淡。當你覺得不值得、不想要了，對方又抓住你不放；有時候連孩子都生了，有了這個孩子該怎麼辦？這個孩子一輩子都跟你脫離不了關係，多了一個人要叫你爸爸（或媽媽），想甩都甩不掉。

要是你不愛外遇的對象，可是他很愛你，他打從心裡跟定你了，這種感覺真的會很不舒服。或許，當時你並不打算要跟對方成為一輩子的夫妻，不打算跟他有任何承諾，卻因為生米煮成熟飯，煮出一個孩子叫你爸爸，這並不在你的計畫之內。或是過了十年、二十年之後，對方拿著這件事來威脅你、攻擊你，甚至要跟你分家產，演變成社會案件。

你喜歡搞外遇，確實是爽到了，但這種擺脫不了的包袱並不是你想要的。這樣搞得自己一身腥，到底是不是原來你所希望的初衷呢？

九：被再傷害

例如說，第三者反過來威脅你，或是你的外遇對象又跟別人劈腿，等於你也被人背叛了。或許你是真的愛上了他，卻好像被黑吃黑一樣。

你以為對方也會像你愛他一樣地愛上你，但是對方卻只是把你當成玩玩的對象，或

者他認為你是有婦之夫，反正你也不是什麼善類，腳踏兩條船還佔別人便宜，反而先咬你一口，甚至跟你獅子大開口。不管雙方各懷什麼鬼胎，就是沒有辦法如你所願，真正地擁有愛情。

在外遇的不正常關係裡，就算你被人捅了一刀，最後也是投訴無門。第三者跟別人跑了，你也沒辦法去抓姦——家裡有個老婆還去抓什麼姦？你就是沒有這個身分可以去要求對方一定得對你忠誠。

第三者會說：既然你也不能正式跟我結婚，我跟你在一起豈不是蹉跎青春？甚至威脅你要跟元配離婚。有時候，你已狠下心腸決定離了婚，第三者反而變了卦，中間有很多危機四伏、難以控制的變數。

或許你是真心愛著對方，但是交往的前提不對，就像房子的地基不好，不管地上的建築物再漂亮都沒辦法住人。既然不能給出真正的承諾，自然也得不到穩定的愛情，每天只能坐立不安，最後當然會心力交瘁。

外遇會帶來很多的傷害，沒遇過的人很難真正體會。但是，往往等到你恍然大悟的時候，再回首已百年身。這麼多的案例，這麼多的情況，你不一定要自己親身去嚐試才能了解。

人應該要有自知之明的能力。人生貴在了解，你要知道這件事到底值不值得去做。你不一定要吸毒才知道吸毒不好，應該一開始就要了解這個東西應不應該碰。就算你真的不懂，還是可以去學習。

既然外遇有這些傷害，你有沒有想過一個決定後面會發生什麼事？不是別人叫你吸毒，你就呆呆地跟著吸了，人家叫你吃什麼你就吃什麼，當然中毒的機率就高了。所以，你要在還沒有發生這些事情的時候先去了解，才不會誤入歧途。

對於外遇的第三者

外遇這件事情，不管是站在婚姻這個圈子裡或圈子外的人，同樣都會為自己的生存捍衛。然而，這社會對於外遇的第三者，普遍都是抱持著仇視的態度，至於手段有多麼激烈，則是因人而異，要看個人對於愛恨情仇的接受度、心胸氣量的不同。

心胸寬大的人，就算另一半有了外遇也不會特別拿來作文章，他可以理解這是人之常情；或許在別人眼中是天大的事情，在他心裡並不會有什麼過不去的。

但是，對於心胸狹窄的人來說，可就不是這麼想了。他可以理直氣壯地說：「你敢背叛我，我把你殺了！」或是：「我絕對不會原諒你！」之類的話。

所以，對於感情裡的第三者，每個人的應對方式都不同。當你真的很愛另一半的時候，或許會為了成全他們而妥協；有時候你一旦心生邪念，就會把這樣的情況做為報復或威脅的籌碼，「我抓到你的狐狸尾巴了。現在要怎麼樣？你還有什麼戲唱啊？」

當然，也會有人同情第三者，甚至鼓勵別人勇敢地當一個第三者，或者是委屈求全去當人家的小老婆，跟大老婆示好，讓妳加入對方的家庭，把孩子生下來，或是讓情夫金屋藏嬌，當一個地下夫人……有各式各樣的情況，電視、電影演很多給你看了，不需要一一寫出來吧。

我要提醒你的是：這是你個人的選擇。但在決定之前，你最好事先計算過要付出什麼樣的代價？你也要很誠實地回答自己：這是不是你要的愛情模式？這是你要的生活方式嗎？既然決定了，就不要後悔。

第十二章

Q&A

Q1 不幸有了外遇之後，該如何修復？

一般人有了外遇之後，常會不知該如何繼續下去，陷入要不要離婚的膠著狀態。在這種情況之下，想要修復原本的婚姻只有一個關鍵：當事人有心走回正軌。

其實，只要有心，修復並不難。你就是放更多的心力在另一半身上，對自己的家庭有更多關懷，照正常的狀況繼續生活下去就好了。

除了有心之外，最重要的還是夫妻兩個人要能夠溝通，這件事情就讓它成為過眼雲煙，下不為例。如果你跟另一半有充分的溝通，對方就不會有事沒事把這筆舊帳翻出來當作吵架的藉口。每一次的翻舊帳就像在傷口上灑鹽，遲早會惡化發膿！

修復婚姻這件事，兩個人必須把自己的底限講得很清楚，彼此要給對方足夠的空間。有了協議之後，從點頭同意的那一刻重新開始，好好地去經營感情，才有機會把它修護回來。

不過，如果外遇情況變得很嚴重的時候——比如已經在外面生小孩，或還是藕斷絲連，或是第三者不肯放手，這樣當然就修復不了。

你沒辦法要求另一半、第三者以後一定要怎樣，或是一定不能怎樣，可是彼此之間還是要有足夠的信任，大家都要講清楚自己的底限。若是對方做不到，你就要選邊站，你也要有自己的立場。

如果要修護婚姻，既然要繼續走下去，就得對另一半保持忠誠。但是當初你會選擇外遇，表示兩人關係一定不夠緊密，你必須先找出問題在哪兒，雙方必須誠實地攤牌，把自己能夠接受的底限讓對方清楚知道。從此之後，大家要照牌理出牌，按照這個雙方都同意的標準之下繼續生活。

Q2 我的配偶有強烈的控制慾，而且總是不斷地試圖要改變我的想法，我該怎麼辦？

關於這種感覺，不需要把它看成對方很有控制慾、他很強勢、他的意圖不良。你要

想的是對方的好意，他會這樣想的出發點是什麼，他希望你可以更好，他想要你跟他之間的關係能夠更和諧。

在大部分的時候，對方往往也不是想要控制你，只是他覺得這樣比較好。你應該給他一個可以發揮的空間，對他的關心給予讚美，要讓他知道你了解他的心意，你很佩服他有如此堅定的態度，肯定他希望彼此可以走上更幸福的路，是不是？

在他的眼裡，你可能比較弱一點，比較容易吃虧，比較沒有自己的想法，沒有自己的立場等等。所以，你該怎麼辦呢？你應該把自己訓練得更強壯。

所謂的「更強壯」，並不是要你有本事去跟對方吵架，而是能夠獨立自主，你的能力要能夠跟另一半互相抗衡，而且讓他覺得不必為你操心。這就像天秤若要維持平衡，在另一端就得放足夠的砝碼；也就像摔角一樣，他想要把你摔過去，你就要有本事不讓他摔倒。

在感情上頭，兩個人也要能夠互相平衡。如果能夠平衡，你就不會覺得對方有那麼強烈的控制慾、不斷地試圖想要改變你……，會有這樣的感覺，大部分的原因是你自己太弱。

如果你能讓自己變得很會講話，很有自己的想法，能夠講出你的道理，保有自己的空間，立場站得很穩固，就不會讓對方動不動就想要控制你或是改變你。

你會覺得對方強烈地想要控制你，其實那只是一種感覺。對方不見得真的想要控制你，如果你比他更強，可能他很希望被你控制。所以，這是個人要進步成長的一個地方。

遇到這種問題，你要想的不是去要求對方改變，或是你自己只能生悶氣，更不是兩個人在那邊爭對錯、想著別人為什麼對你這樣、他做了什麼讓你不舒服等等。你得想盡辦法讓自己變得更強、更獨立、更有個性，讓自己更有能力去跟人講道理，讓別人了解你、尊重你，知道不必用這種方法對待你，應該聽你的話或多給你一些空間。

尊重，是自己贏來的。當你真正學會了表達自己的情感與想法之後，這種一直以為別人要控制你的感覺也就不會存在了。

Q3

我愛上了有婦之夫。我不想破壞他的家庭，也不想輕易放棄他，我怕再也找不到像他對我這麼好的人了。我發現自己已經無法自拔了，有方法讓我得到救贖嗎？

我要告訴你一件事情：你所害怕的事情就一定會發生。所以呢，你擔心的事情大概已經發生了。

無法自拔，是因為失去控制。你不想輕易放棄他，可是你知道這是不理智的，因為不管選擇放棄或不放棄，都不會很舒服。

可是，只要你不放棄，永遠只會讓自己陷入痛苦的深淵；如果選擇放棄，未來還有機會。所以，現在你必須很成熟、很理智地做出正確的抉擇。

既然你不想破壞他的家庭，就應該聰明一點，選擇比較生存的路。若是不放手，就一定會對他的家庭造成破壞。你一定要結束這場遊戲，給自己一個重新開始的機會，這才是「放愛一條生路」。

人生是有遊戲規則的。既然要玩遊戲，就要知道遊戲規則。長大成人了，就不要再這麼幼稚，像孩子緊握著喜歡的東西不放，但到了最後，不是你的東西還是不會屬於你的。

天涯何處無芳草？就算他是全天下最棒的人，找不到比他更好的，那也沒關係啊！你只能退而求其次，因為這個人已經是別人的啦。這就像找停車位一樣，最好的位置已經被別人停了，你還能怎麼樣？把他的車子拖走，讓你把車停進去嗎？

人生不可能每件事情都能如你所願。你得要學會放手，還要繼續走下去，而不是停在這個點上，在那邊胡鬧、幼稚、自憐自艾，這些都是浪費時間。既然他不是你的就趕快放手，你在那邊傷心的時間，還不如趕快去找下一個人，天無絕人之路。

如果你不放手，就算他對你再好也是行不通的，因為他正在背叛他的另一半。你破壞了對方家庭的和諧，自己永遠不會快樂——種了不好的因，最後一定有不好的果。

你選擇不放手，自己又在那邊感到難受、無法自拔，其實很不理智。你要給自己一條活路，也給對方一條生路，好好去過生活，從痛苦中學到經驗，重新開創自己的一片

天。

我鼓勵你要當機立斷，放下屠刀，立地成佛，馬上就分手，然後開始另外一段感情。趕快去結婚，自己當女主角，讓一切能夠回歸正軌，這樣才是最理智的選擇。

Q4 我的工作常需要交際應酬。老婆一直懷疑我有外遇，我每次都要費盡口舌解釋老半天，都快發瘋了，沒有外遇都被逼到有外遇了，那怎麼辦？

在這個問題當中，有兩件事情你必須注意。

第一個，就是你們夫妻之間的溝通不良。

另外一個，就是你的老婆沒有什麼自信。

你最好鼓勵她能夠進步成長，除此之外，你還得給她足夠的溝通。像你必須應酬的情形，必須要讓老婆更了解你的工作性質，而且她必須要有足夠的安全感。這種疑神疑鬼的情況，是她自己的不安全感所造成的，所以她需要讓自己成長。

至於你可以做到的，就是盡量跟老婆溝通。在交際應酬的前後都要跟她講，什麼時候去、什麼時候回來、在什麼地方，跟什麼人吃飯，跟她有緊密的聯繫，讓她不會一天到晚想要知道你的行蹤。

要是為了省去唇舌的麻煩，大部分的應酬你都不告訴她，也不讓她知道發生了什麼事，她就會擔心守不住你，怕老公被外面的女人拐走了。如果老婆長期處在這樣擔心害怕的情況，一直都沒有進步成長，除了會失去愛情張力之外，也會令人感到厭惡，根本無法愛她，最後一定會出問題的。

一個無法進步成長的人，不管多麼有才華、多麼有魅力，久了以後一定會彈性疲乏，讓人感到厭倦，越老就會越覺得乏味、不可愛。久而久之呢，就算不想外遇也同床異夢了，這就是一般婚姻裡頭「七年之癢」的瓶頸。

要是你經常在外交際應酬，就要注意自己跟老婆之間的親密狀態是否受到影響，隨時都要讓老婆覺得你把她放在心上，要能夠創造生活中的浪漫。要不然久了以後，你自

己也會彈性疲乏，習慣了歡場文化就會常常裝瘋賣傻、言不由衷，跟老婆的世界漸漸變得格格不入。

或許，原本你並沒有外遇的念頭，卻因為沒辦法和老婆溝通，便很自然地走上外遇這條路，這種可能性是極高的。你是否要一輩子繼續交際應酬下去？其實，你也得思考一下這個問題。

最好的方式，是夫妻兩個人能夠一起進步成長，看看怎樣做可以把距離再拉近，再多一些溝通。你出去應酬的時候，最好多花一些時間打打簡訊，跟她告知你在哪裡，彼此的關係會好很多。

你最好把這些唇舌的功夫花在前面，不要浪費在後面，意思就是說：假設你今天要出去，要去哪裡、幹什麼、為什麼要去，要多給老婆一些資料，事先報備一下。

此外，你跟老婆的關係平常就要維持好，要有足夠的信任與關愛，這樣就不會變得沒有辦法控制。兩個人都有自己的空間，就不會有這麼多的廝殺。

Q5 我要如何防止配偶在職場上與同事日久生情，引發外遇？

會有這樣的問題，表示你的自信心嚴重地不足。日常生活裡，總是會有很多外頭接觸的人，夫妻不可能只活在兩個人的世界。當老公越優秀或是老婆越活躍，越有機會在外面表現的生龍活虎，在職場上、商場上也會顯得特別耀眼，越有機會接觸各種形形色色的人，尤其是工作團隊難免會有這樣的情況，需要天天跟特質相近的伙伴相處在一起。

要是你害怕配偶跟這些同事日久生情，這樣的擔心本身就已經很不健康了。除了你自己很沒自信之外，你對另一半也沒有足夠的信任，會有這樣的恐懼，也表示你自己不夠忙、沒有自己的空間、不夠獨立。

最有效率的方法，你得要讓自己成為擁有足夠吸引力的人，讓你自己成為你的另一半最喜歡找、最喜歡講話的人，就不會有這樣的問題。

另一個重點是，你對另一半的同事要很有興趣，並參與他的生活圈，要有意願去了解他所有的事情。當你跟配偶保持緊密的關係，外遇的機會就不容易發生。

外遇並不是這麼容易、隨便就會出現的。當然啦，人可能會受到引誘，日久生情、近水樓台都不是不可能的，但更重要的是：你對自己的把握有多少？

你是否努力經營你的愛情，創造你的婚姻？

你自己是不是很清楚兩個人的關係有多好？

你對自己的實力有沒有信心？

對另一半有多少信任？

一天到晚窮擔心，想著該怎樣提防另一半出軌，這些都不是正確的方向，都是負面、消極的態度。你應該要非常積極地跟另一半建立良好的互動，生活裡有共同的目標，兩個人要能夠深談，互相了解；你對他生活周遭的人，都知道發生了什麼事情，這些出軌的事就不容易發生。如果你都不管他、不理他，他做了什麼事你都沒興趣，都隨他去自生自滅，發生外遇的機率當然就會高了，對吧？

感情就像上了發條的齒輪，每天都要注意它是否保持著張力，讓它不斷地運轉，兩個人很甜蜜的在一起。

Q6 老公仗著有錢，整天在外面花天酒地，講都講不聽，該怎麼辦？

如果你有這樣的老公，其實他的經濟水準上是沒問題的。若照你所形容的，他似乎很快樂又很有得忙，他喜歡的生活就是燈紅酒綠的花花世界，交遊廣闊也非常歡樂。可是，到底他是不是真的就是喜歡這樣？其實我們也不知道。你應該要去深入了解他的想法。

你是不是有跟老公溝通過，他喜歡的生活形態是怎樣？你是不是能夠參與其中？他講都講不聽，你是否能夠換個方式去講？而不是每天跟他說教，讓他覺得很無聊？他仗著有錢，花天酒地可以帶給他什麼樣的快樂？

有些人是覺得家裡的生活很無聊才去花天酒地，有的人是喜歡被人奉承討好，喜歡樂鬧、人多的生活；或是他真的只是喜歡風花雪月，不花錢買醉就不能凸顯自己的地

位……如果日子只能這樣過，沒有其它更有意義的事情，那他跟你之間還能維持什麼樣的關係？

既然有錢，最好的方法就是用這些資源讓把自己弄得更漂亮，把自己調養得更健康，然後想盡辦法去學習、讓自己進步成長。擁有自己的世界之外，也要想辦法參與另一半的生活，跟他擁有共同的方向跟目標；而不是每天在那邊管他為什麼花天酒地、為什麼講都講不聽、他這樣子下去該怎麼辦……

你應該想的是：你該怎樣調適自己的生活形態？

你有沒有辦法讓自己變得更好？更有魅力？

有沒有辦法讓自己變得能夠吸引他？讓彼此更有交集？

有沒有改變自己講話的方式，讓對方覺得有趣？

重點是，修正的方向應該指向自己，而不是一直把矛頭指向別人。如果你能夠進步成長，不管今天老公怎樣，你都能夠感到自在快樂，這才是真正的關鍵。

不要老是想著他在那邊搞來搞去、總是講不聽，覺得他讓你很頭痛，他是你最大的問題——不對，你自己才是最大的問題。因為你沒有足夠的能力去應付，沒有自己的空間、沒有自己的事業，沒有你自己的交際圈，所有的注意力都擺在老公身上，這對你來說並不是很健康，對他來說更是個難受的負擔。

老公很有錢，這個條件對你來說應該是很有利的。老公有這樣的本事、有這樣的資源，你應該要去讚美他、欣賞他，你應該更有機會跟他創造生活上的樂趣，因為這是身為老婆非常重要的職責。

你有沒有扮演好老婆的角色，把責任放到自己身上？朝這個方向去檢討才有建設性，也才會讓你快樂。

Q7 我希望我可以進步成長，才不會遇到外遇這種事，但要朝什麼方向著手？

從愛情的角度為出發點，進步成長的方向非常明確：讓愛情更甜蜜，使婚姻更幸

福！

一個人自身的問題，一定會帶到婚姻裡影響另一個人，也極度影響著幸福的水準。例如壞脾氣、愛吃醋、沒有安全感、不會撒嬌、說話討人厭、常擺臭臉、喜歡責怪別人、不會打扮、不愛做家事、亂買東西、電視看不停、講話不幽默、不能創造張力、陷入無聊狀態、說話沒梗、不能與家人應對、無法等等。

有了家庭之後，更是增加了整理家務、教育小孩、處理帳務、理財、生活安排、時間規劃、應付公婆親友關係等等，挑戰性與複雜度又更大了。

當生活出現了你無法應付的狀況，就表示你的能力不夠，才會出問題。千萬別小看這些問題，這些問題若不處理，都會延伸成相當嚴重的事情，處處影響生活品質及愛情張力，進而破壞幸福的願景。

而這些問題，都可以藉著個人的進步成長而改變。為了生存，為了快樂，為了幸福，你不能不進步成長。

但是，如何才能進步成長？要做些什麼，要改進什麼？學些什麼？以下是一些建議及方向。

這裡所提到的進步成長，是指生活以及人與人之間的關係，所以不是去拿個學位，或是學一些高科技的技術，例如電腦程式、學設計或是網路部落格等等，這些技術不管你有多精通，都不會讓你更有能力創造幸福的婚姻。

我們要的進步成長，是能讓生活更充實、心靈更愉快、愛情更甜美，最重要的是心胸更開朗，也更會溝通、更善解人意，也能夠更進一步了解人生。這個方向就是我們要的成長。

所以，你要努力的方向，就是工作、運動、打扮、學做家事、煮飯、跟人相處、面對各種形形色色的人、學習怎麼去講話、怎樣撒嬌、讓自己變得可愛、研究溝通方式、練習有更好聽的聲音，怎樣讓另一半更快樂等等。

不管是利用看書或是上課的途徑，都可以讓自己增加生活情趣，人際關係更美好，讓自己更有自信，生活會更加舒服，學會以正面、樂觀的態度面對人生。只要你能了解人生、笑口常開、更幽默風趣，對婚姻的幸福一定有正面影響。所以，只要活著，怎能

不努力朝這個方向前進？

進步成長，最好是夫妻兩個人一起。不一定非得同時間、有相同的進度不可，但兩人有一樣的方向、一樣的共識，對於愛情相當有助益。夫妻可以兩個人一起去運動、打球或慢跑，或是一起學做料理，但不只是每天做來吃就算了，只有體重在成長。你要去研究不同的食材、練習發明不同的菜色，讓料理變得更有趣才行。

兩人也可以看同一本書再來探討，或看不一樣的書分享心得，在生活中不斷地創造。為了更有活力，精彩的火花不斷，就得不斷地進步成長，突破自我的極限，生活才不會無聊、停滯不前、想尋找刺激。

所以，女人要不停的打扮，讓自己風情萬種，天天亮麗如鮮花；男人要有精神，天天帥氣迷人、生龍活虎。如果只是靠著年輕的本錢吃老本，時間久了，就會無聊也變得彈性疲乏，因為老狗玩不出新把戲。不進步成長的人，一定會讓人受不了，玩來玩去都是同樣的戲碼，講來講去都是同樣的話題，讓人失去興趣。

進步成長也是一種最好的保養。就像花園要整理、家裡要打掃一樣，只要不整理就會髒亂、積灰塵，平常有在保養的身體，也會比較健康。只要讓愛情持續的進步成長，就可以讓人感到煥然一新、永保青春美麗，這就是維持愛情張力、創造家庭幸福的最佳保養方式。

Q8 老婆沒辦法生小孩，連長輩都推波助瀾容許先生外遇，該怎麼辦？

會不會外遇，是你跟你先生關係夠不夠好的問題。如果關係夠緊密，不管長輩怎樣推波助瀾、從中挑撥，都不會是形成外遇的理由。

如果你沒辦法生小孩，可以求取其他的途徑解決，例如試管嬰兒、代理孕母之類的方式，看看是不是能得到孩子。或者是退而求其次，領養別人的小孩，或是雙方協議接受家裡沒有小孩。這是你跟你先生之間的事，不是旁人在一邊搧風點火，你的先生就一定會有外遇。

另一方面，有外遇不可能只是為了解決生小孩的問題，事情不會這麼單純。如果你

們夫妻兩個可以相愛，有沒有小孩不會是真正的問題，不管長輩再怎麼推波助瀾，也不應該影響到你們兩人的感情。你先生對於「沒有下一代」的立場是否能夠堅持得住，才是真正的重點。

你要注意的，是你們兩人之間有沒有真正的愛情，彼此之間的關係好不好，而不是一天到晚擔心受到外界環境還有旁人的影響、無法主導的那種感覺。你應該要有自己的想法，當你能夠主導自己的人生，這些問題就再也不會是問題。

外遇，並不是這麼簡單就會發生的。如果老公跟你相愛的話，要逼他外遇，還真的逼不出來呢。所以，這個問題也透露出一個訊息：你對自己的自信有所懷疑。

愛情是兩個人的事情。孩子的問題可以跟先生討論，找出一個彼此都同意的解決方案，當你們有了共識之後，不管長輩怎麼說還是可以繼續溝通，但最主要的關鍵還是你們夫妻之間的關係。如果你們兩個真的夠緊密，這些事情根本就不必擔心。

Q_9

我曾經有過外遇，後來配偶選擇了原諒。那現在換成她有外遇，當初我選擇放棄第三者，沒想到反過來被背叛；想找人抓姦，但是自己曾理虧在先，想要談判呢，似乎又沒甚麼籌碼。那該怎麼樣處理會比較好？

以這樣的問題來看，你的愛情似乎亮了紅燈，一下子這邊有了漏洞，一下子那邊出了問題，兩個人都沒有真正地在經營感情，雖然不想分手，卻又不是真的很努力。你們兩個人應該要好好談一談，這一段婚姻到底要不要繼續走下去。

不認真，是一個非常嚴重的問題。兩個人的感情為什麼總是起起落落，而不是非常緊密地扣在一起？就是因為隨隨便便、得過且過，所以才會一再地出包。

你們兩人必須重新找一下目標是什麼，還要不要在一起，而不是想著要不要提出告訴，要不要報復，要不要抓姦……，這些都不是解決問題的真正辦法。

你要有一個成年人應該具備的理智，和對方談一談，而不是一天到晚搞這些不按牌

理出牌的遊戲。兩個人這樣胡搞瞎搞，不僅傷了感情也傷了人生，甚至殃及你的父母、孩子與所有關心你的朋友。

會發生這種問題，是冰凍三尺，非一日之寒。長久以來，夫妻兩方有很多事情是沒有溝通的，沒有同心協力去解決問題，這樣的狀況才會重覆出現。

所以，你應該趁這次機會好好來整頓一下，正視兩人的愛情與未來。你們是不是要一起走下去，繼續當夫妻？雙方先有一個共識再做下一個決定，才不會等一下他調適好了，又換你想要出軌，等一下你恢復了，又換成他有問題，兩個人都沒有心要經營這段婚姻。

所以，最主要是兩個人要有要繼續當夫妻的共識。沒有心，一切都免談。

Q10

我有外遇，而且連小孩都生了。我希望離婚，但配偶堅持不離婚，孩子沒有辦法辦戶口，該怎麼樣處理會比較好？

這個問題已經造成了家庭的破壞，甚至危及到生存，關係變得有點亂七八糟，但是還是非解決不可。

其實，關鍵就是元配是否願意離婚。若不願意離，看看小孩能不能報在你原來的戶口裡面。要是真的行不通的話，就只好使用最下策：去找律師辦理離婚，再跟第三者想辦法妥協，看看在怎樣的情況下，可以讓小孩繼續生活下去。

其實，狀況也不是真的有多糟糕，日子還是一樣得過下去，小孩子還是可以生活，只是跟第三者有了小孩之後，整個局勢會變得更難收拾，尤其在元配那邊幾乎沒有任何轉圜的餘地。

但事情既然已經發生了，除了勇敢面對之外，沒有什麼特別的方法。就算跟第三者有了小孩，還是得把小孩給照顧好，還得把破碎的感情彌補起來。

如果元配堅持不離婚，也不會是真正的問題。就算他堅持不離婚，也只是名義上沒有離，實質上跟離了婚並沒什麼兩樣。因為你跟他之間已經沒有感情了，也沒有辦法真正地在一起，只是一個名分上的差別。

既然你種了這個因，就得承受這樣的果。配偶不離婚，你得讓大家接受你們夫妻過著有名無實的夫妻生活，有些外遇的人甚至一輩子都沒有跟元配離婚，夫妻還是一樣有小孩，日子一樣這樣過下來。所以，孩子報不報戶口也不是這麼重要的事情。

就算孩子沒辦法報戶口，只是元配不同意而已，這是感情上的問題。原則上，並沒有不能報戶口這件事，只是看你怎麼報、跟誰姓，這並不是真正的問題點。孩子一樣要吃飯、會長大，可以擁有家庭，也沒有你想像的這麼糟糕。

報不報戶口只是一個形式，既然感情已經走到這樣的地步，離不離婚已經不太重要了，局勢就變成看你希望要跟誰在一起，實質上你會跟誰在一起生活，你的抉擇是什麼，這才是比較重要的。

不管你選擇的是哪一方，還是一樣要堅持下去，把愛情、家庭顧好，不要弄得亂七八糟，不管對孩子、對元配、第三者或是你自己都是一個耗損。既然連孩子都生了，兩個人又這麼相愛，就這樣過下去吧！努力把自己的愛情經營起來。但是，你必須要有所選擇。

Q11

如何判斷另一半是否有外遇？

談到外遇的徵兆，只要敏感一點的人都會知道。

第一個，就是對方跟你之間的疏離感相當明顯。他跟你講話的時候變得不是很自在，言語之間顯得比較冷淡，還有溝通上比較沒有那麼地舒暢。你可以感覺有些地方卡卡的、怪怪的，兩邊有點格格不入，比起以往親熱的意願及程度，雙方關係沒那麼親密。

還有，就是感覺上所有的動作會比較拘謹一點，以情緒來說是比較冰冷，沒有那麼多的熱情，客客氣氣的，但也沒有真的注入熱情。你會感覺到他不是這麼有興趣跟你在一起，或許是不在意或沒有心，甚至變得不客氣，態度惡劣。

真正的愛情發生時，兩個人在一起應該非常具有吸引力，親密是很自然的動作。所以，如果有一方變得有戒心，或是沒那麼自然地想要撒嬌、想要親熱，那就是一個很好的判斷徵兆。

另外一個，就是他常常會對你發脾氣、找碴，或者是罵你，故意雞蛋裡挑骨頭。如

果另一半突然喜歡批評你，對你吹毛求疵、嫌東嫌西的，你就得要特別小心，他一定已經出事了，有什麼地方不對勁。

平常的婚姻生活裡，大家努力把感情放進去，就是一個很好的滋潤，不要等到彼此之間惡言相向、雞蛋裡挑骨頭的時候，再來想是不是出問題，已經慢了很久。如果常會出現批評或是找碴的情況，就是一個不好的預兆——或許還沒有真正的外遇，但是構成出軌的「前置作業」已經開始在默默醞釀了。

還有一個明顯的徵兆，就是對方不喜歡你摸他，不喜歡你吻他，忽然對「性」比較冷感，拒絕你的求歡。若是有這些狀況出現，你就得要特別注意了。

Q12 我懷疑另一半好像有外遇，從蛛絲馬跡可以發現有出軌的現象，那麼是不是應該找徵信社去協助調查？

用這樣的解決方式，我是非常不贊成的。

第十二章　Q&A

我認為，你應該要信任你的另一半，如果你們之間毫無信任可言，也應該要先跟他進行溝通。不管對方有什麼問題，你應該要去幫助他，要去愛他、信任他，而不是對他的行為有所懷疑，偷偷摸摸地找別人來調查他，好像你相信徵信社的人超過你的配偶。這種事情聽起來，不管你的另一半是不是真的有外遇，只要是正常人都會很生氣，是不是？如果換成你是被調查的那個人，一定也很不爽，對吧？

所以，最好不要幹這種事情，因為這種偷偷摸摸的事情，跟真正的愛情一點也不相干。你要愛一個人，就要去跟他溝通。有任何事情，不管對錯好壞，你都要去問他、了解他，要跟他講話。

如果你已經走到了需要徵信社調查的地步，有沒有外遇已經不是問題了，而且就算另一半外遇也是滿自然的，因為你們彼此之間根本沒有信任，也沒有愛情了。

你找外人去調查他，在這樣的情況之下，兩個人在一起也沒有什麼意思吧？就算不外遇、不離婚，在一起也不會很甜蜜，心裡有這麼多的猜疑，就像間諜一樣，又何來的愛情呢？

我不認為愛情非得要去找徵信社調查，這種感覺真的很不舒服，就算不撕破臉，心裡的這道傷痕大概也沒有辦法修復回來。兩個人還是儘量去溝通、去問對方發生了什麼事，還是要相信彼此，給予對方空間。

愛情沒有這麼多的對錯。如果不能夠溝通，就會想要找第三者，仰賴外界的力量來協助你得到快樂。這就像一個人的腳走不動了，很自然地就需要拐杖，為什麼需要拐杖？因為兩條腿已經不可靠了，如果沒有輪椅、拐杖來輔助你，你是走不下去的。

所以，如果你必須靠拐杖才能走路的時候，不是拐杖好不好的問題，這個時候已經非常明顯，需要拐杖是因為沒有辦法靠自己走動。

以愛情的立場來看，兩個人就是這兩隻腳，應該可以自由走動才對。如果你要靠第三者，也就是靠著外界力量來幫助你行動，愛情本身已經出問題了，在感情上你已經算是一個殘廢啦！

在這種時候，再來談要不要去找徵信社，有辦法真正解決問題嗎？這已經不是愛情的問題，而是生存的問題，變成是別無他法，變成是「我只好這樣了」。當走到這個地步的時候，有點像病人需要靠藥物、插管才能活下去，這時候的感情已經沒有什麼品質可言。你再這樣子搞下去，方向就已經不對了。

我們要講的愛情，不是在討論要怎麼靠藥物才能活下去、要用哪一種化療比較好？那些都不是我們要講的範圍。我們要講的是：怎樣可以讓愛情變好？怎樣讓自己的感情能夠穩定，能夠不斷地創造激情的火花？怎麼樣讓愛情更甜蜜？怎麼樣才能相信彼此？怎麼樣可以共同進步成長……

所以，我不希望你用什麼抓姦、找徵信社的方式來解決問題，這些對於你的愛情於事無補，就算搞定了一時，也搞不定一世。

如果你想要靠專家來讓夫妻的感情更好，確實是可以處理的。如果你只是要靠外在的力量來制裁他、抓他的小辮子、或者是要給他難看、要證明他在法律上站不住腳，這些方式我是不鼓勵的，也不是我身為一個顧問可以協助的範圍。

我奉勸各位，若真的不幸出現外遇的狀況，不要用這些方式去解決問題，也不要抱著傷害對方的意圖去處理事情。因為這些對愛情來說，不僅會帶來難以彌補的傷害，對

你的人生也太負面了。

Q13 婚前花心的人，在婚後是否比較容易外遇？

這句話並不是真的很正確。其實就我所知，有許多婚前很有性經驗的花心蘿蔔，在婚後卻一反往常，非常地守住正軌，只要他的愛情有了一處港灣，他就非常地忠於另一半，夫妻感情是非常好的。這些花心的人，在結了婚之後反而就不花心了，大概也玩夠了吧。

不要以為婚前花心的人在婚後就容易外遇。基本上，會不會外遇、容不容易外遇，這些事情都不是一定的，不是「因為這樣，所以會那樣」，這都不是真正的判斷標準。

這些關於外遇常會見到的問題，大部分都是很表象、斷章取義的思考態度，你要想的不是要怎麼去歸類、什麼樣的人比較容易外遇、老婆很無聊是不是該離婚……，你要想的是：為什麼你會碰到這樣子的問題？

怎樣的情況會發生怎樣的問題？

是不是結婚以後，你們都沒有在進步成長，都沒有在學習？

你們有沒有在互相溝通、交流、關心、創造，去培養更好、更甜蜜的愛情？

如果不朝這些方向去思考的話，感情裡的問題是永遠不會停止的，而且後面還會源源不斷地出現更多問題。當你停止進步之後，你的婚姻、人生就會成為一局死棋，因為你不知道怎樣化解尷尬，沒有學會更甜蜜地撒嬌，沒有練習怎樣講話更幽默，就會發生這樣的困窘。

不要以為這個人很花心，結了婚之後就要特別擔心，其實這倒是大可不必。主要是在婚後能不能抓住彼此的心，大家能不能談得來、有沒有給予關愛、有沒有覺得溫暖、有沒有在經營婚姻、有沒有在創造浪漫，這才是重點。如果好好的相愛，好好地經營婚姻，夫妻兩個人都會找到歸屬感，外遇的情況就不會發生。

Q14 我爸爸有外遇。爸爸曾跟我說：「孩子，我愛你，但我沒辦法跟你媽媽繼續生活下去了。」我不希望他們離婚，但我不知道該怎麼幫他們重修舊好？

這個事情並不是小孩子的問題，小孩子沒有權力去干涉父母的愛情。如果你能幫當然是最好的，可是這並不是你的事情，而是爸媽兩個人的事情。並不是因為你是他們的孩子，就有責任讓他們重修舊好；他們願不願意繼續當夫妻，要不要繼續攜手走一輩子，這個決定跟你是沒有關係的。

孩子都很希望父母能夠在一起，希望父母感情很好。可是，換個角度來說，這也是自私的個人期待而已。父母的愛情跟他們之間的關係，並不是你能夠左右的。要是他們兩個之間沒有感情，這一段婚姻無法再繼續下去了，你並沒有幫他們重修舊好的責任或是義務，就算沒有足夠的能力幫助他們，也不是你的問題。

如果父母沒有辦法感情好，你要求他們在一起也不會比較幸福；如果他們在一起不幸福，就應該去追求他們希望過的生活，你只要跟他們個別好好相處就可以了，你一樣有爸爸，一樣有媽媽。

爸爸媽媽選擇不在一起，不是你的錯，也不是你應該傷心的事情。你要尊重他們，給他們空間，並祝福他們，可是你跟他們的感情還是一樣存在，不應該受到他們離婚或是外遇而影響。媽媽一樣愛你，爸爸一樣愛你，可是爸爸媽媽不相愛跟你沒有關係，這是完全獨立的兩件事情。

你要學會給彼此空間，而不是一直想著你所希望的。你的希望並不是別人的希望，你所要求的也不是別人能做到的。不要很自私地只想著你要什麼——他們要怎樣，就讓他們怎樣吧，那是他們兩個人的事。

你跟父母之間能得到怎樣的關係，必須靠你自己去經營、去建立，而不要一天到晚想著去影響他們之間的關係。爸媽的關係不是你可以左右的，你既無法控制也無法要求。所以，千萬不要把爸媽的問題當成是自己的問題，讓自己過得很痛苦。爸媽希望怎麼樣就怎麼樣，大家都找到自己喜歡的生活就行了。

你以後也會有自己的家庭，也必須建立好自己跟另一半的關係。你要對你的配偶好一點，給下一代一個好榜樣，這樣你的小孩就會比較開心。你只能去要求你自己做好，不能要求父母一定要照你的意思去做。

Q15 我要如何消除外遇的罪惡感？

人只要犯了錯，會有罪惡感是很正常的。這個罪惡感會一直吞噬你，讓你感覺很難受。會這樣想，至少表示你是個好人，才會問這個問題。

但是，這樣的罪惡感是很不舒服的，你應該知道自己犯了什麼錯，知道下次不會再犯，然後事情就過去了。不要一直抓著這個事件所產生的罪惡感來讓自己很痛苦、很愧疚——有時候別人都選擇原諒了，事情都已經過去了，偏偏你還在那邊死咬著不放，想要責怪自己、懲罰自己，這樣的心態實在是太不健康了。

過去的就讓它過去，要把這些事情做個了結。你要時時告誡自己，正所謂「知錯能改，善莫大焉」，日子還是要繼續過下去，不需要把罪惡感一直揹負在身上。

如果你真的覺得非常痛苦，那麼只能尋求專業諮詢的途徑了。在進步成長的過程裡面，我們都有方法可以把這些罪惡感拿掉，它是藉由一個專業的管道，不管再大的問題都有辦法可以解決的。

這裡的重點是：不需要一直在這些錯誤、失敗裡大作文章。人非聖賢，孰能無過？只要是人都會犯錯，能夠改過、不會再犯比較重要。

放不開那些罪惡感的糾纏，過了十年還一直感到很痛苦？這根本是無病呻吟、庸人自擾。既然你已經看到自己的錯了，也真心誠意要改，也努力把過去的錯誤彌補回來，這樣就是一種進步成長。

如果你真的想讓自己完全解套，就當個正人君子好好地生活吧！讓自己走在正軌上，不斷地進步成長，這些罪惡感就不會一直跟著你。

Q16 朋友有了外遇，才會來找我傾吐心聲，有時候他會請我幫他掩護說個好話，打打圓場。我明知道這樣不太好，可是仍沒有辦法，想問一下那到底該怎麼辦？該怎樣提點他？怎麼樣讓他回正軌？

我個人的方式是很殘忍、很直接的，就是告訴他的另一半：「你老公（老婆）有外遇了。」

當然，一般人不太能夠做得到，還是希望幫朋友掩護，幫他打個圓場。我覺得是沒有什麼必要，因為不管再怎麼圓場，最後這個謊還是會被戳破，甚至被他的另一半認定為共謀的「狐群狗黨」，對他們夫妻也沒什麼幫助。這種假好人的心態，其實你也心知肚明是不對的，就算幫了也是違背自己的良心。

所以，最好的方式還是把他想隱瞞的事情直接講出來，有這種事最好就別讓你知道，知道了就要說出來，不需要擔心得罪他。

要是講出來之後他就不把你當朋友，那就沒這個朋友嘛！你何必因為他有外遇，搞得大家都很尷尬，還要一天到晚幫他掩護、叫你當共犯之類的？他會請你幫忙，就是吃定你是個爛好人，一定會幫他解圍，是嗎？你本來沒什麼問題的，因為幫他掩護而變成壞人，有什麼意義呢？

所以，如果你真正是他的朋友，就該勸他回頭，把外遇的事情直接講開來，然後徹底做一個了斷；你不必當夾心餅乾，搞得自己兩邊不是人。

可是，一般人都沒有這樣子的勇氣。大部分的人都會替朋友打圓場，選擇做個爛好人，到最後對大家都不好。因為他老婆一定會來罵妳，或是有些時後他需要你掩護他，但你實在幫不了他，或是搞到都沒在幹正事，全都耗在這一團烏煙障氣的事情。更讓人討厭的是，最後朋友甚至還會怪你、罵你、跟你吵架，甚至斷交。

以我個人來說，我非常討厭這樣的朋友關係。如果有什麼不該出現的事情發生，我會採取的方式就是直接把它公開，不會刻意去替他掩護，也不會幫他打這個圓場。如果有人來找我傾吐心聲，我就會直接告訴他這麼做是不生存的，沒有什麼好傾吐的，你應該做的事就是走回正軌，沒有其它更好的方法。

人生就是要走在正軌上才是活路。要是做一些歪七扭八、違背良心的事情，夜路走多了總會碰到鬼。你要走怎樣的路、跟什麼樣的人在一起？用怎樣的方式交朋友？朋友裡面難免會有遇到這些問題的人，若是他選擇執迷不悟，就不需要勉強自己跟他在一起。是不是一定要跟這些會外遇、走歪路的人在一起？這是你個人品格的拿捏。

你自己要做個選擇，不是做個假好人，一天到晚傾聽別人的心聲，去幫人家做一些打圓場的事情。畢竟你不是幹這一行的，時間這樣耗掉不僅沒意義，也嚴重影響自己的生活，當這種好人最後一定是不會有好報的。

Q17

我的孩子發生了外遇，我看到他跟第三者愛到死去活來的，跟配偶鬧到滿城風雨，心裡也不好受。我該照著傳統觀念「勸合不勸離」嗎？

其實，孩子的外遇並不是你的事情，這是他們夫妻之間的事。他們到底是不是要在一起，最後決定要不要離婚或是鬧上法庭，身為父母的立場到底要勸合或勸離？並不是你可以決定的事情。他如果要在一起就會在一起，不在一起就不在一起，你勸也沒有什麼用。

你最好不要去干涉他人的感情——就算是自己的孩子也一樣。我們都不是當事人，沒有辦法去勸，也不必有什麼預設立場，該合或該離是他們自己應該決定的事，讓孩子選擇自己要的人生。至於要不要依照傳統觀念，並不是很重要的關鍵。

他們都已經是大人了。你不必庸人自擾，替他們想著到底應該怎麼辦？不管你的想法怎樣，他們的問題還是要靠他們自己解決。我並不是說你可以完全置身事外，可以不必負任何責任，但這件事情不是父母可以左右的。所以，你不需要被這個問題困擾，孩子要不要離婚跟你一點關係都沒有。

你可以祝福他，支持他，但不需要試圖去改變他。要是你每天去當別人顧問，或是幫人家做一些勸合、勸離的工作，這些都不是你應該管的，結果也不見得會更好，除非這是你的職業。

你只要過好自己的生活就好了，你可以跟孩子談，可以關心他們，但感情的事就讓他自己去處理。他們都已經是大人了，不需要別人替他做決定，不管發生什麼事情，都要讓他們自己去面對。

Q18 我有外遇，被抓姦在床，另一半堅持要提告，那我該怎麼辦？

要告就讓他告嘛，有什麼關係呢？也沒什麼該怎麼辦、不怎麼辦的。既然你敢做，就要敢做敢當啊，是吧？

如果你可以跟他溝通，你有決心改過，或是讓他原諒你，你們達成了協議，就可以讓他不告你。你已經是成年人了，在決定外遇之前，就應該料到會有這樣的後果，而不是你做了之後不願意去承擔後果。

如果對方堅持一定要告你，看看法官會判什麼樣的結果，你就只好接受啊！既然你已經買單了，還能賴帳嗎？

重要的是，事情已經發生了，對方要怎樣制裁你、處罰你，或是後面有什麼難以收拾的狀況，你還是要去面對，去處理。這個世界的遊戲規則本來就是這樣——比賽有規則，做生意有契約，戰爭也有輸贏，犯規的一方本來就是要接受制裁，這個就是公信正義。要不然這世上還有天理嗎？

所以，既然你犯了錯，人家要告你，你沒有辦法說不想面對就去躲起來，只想享受你想要享受的，而不願意去付出你應該付出的代價。

如果最糟糕的情況發生了，就只能讓它發生，沒什麼好悲哀或不能面對的。你就當作學一次乖嘛！經過這一次慘痛的教訓，你就知道這樣決定的結果會變成怎樣？即然你敢背叛，就要敢讓對方用這樣的方式來對待你。

不管最後雙方撕破臉或是老死不相往來，其實都無所謂。你要保持的態度就是隨遇而安，不必那麼地輸不起。最重要的是：你有沒有改進？你能不能反省？你能不能真正去面對外遇所要付出的代價？人生這樣的決定到底好不好？你學到教訓了嗎？你有所長進了嗎？

以上這些，都是你應該仔細思考的問題，剛好藉著這次的機會，重新審視自己的人生。不管狀況多糟，只要你願意面對，願意進步成長，明天一定會更好。我還是奉勸你一句老話：走回正軌吧！

後記

外遇，值得嗎？

外遇，是在婚姻、生活當中一個非常大的感情陷阱。每一個人都有可能會碰到這樣的事情，每一對情侶都受到這樣的現象威脅著、考驗著。

人生本來就有很多的陷阱，有陷阱當然就有危險，就算到處都是地雷，也沒什麼好奇怪的。就好比說，作生意哪會有保證不賠本的？打官司哪有一定會勝訴的？買股票哪有可能保證一定會漲的？就算吃個便當，也不能保證絕不會拉肚子，對吧？

其實，每天過日子都可以說是戰戰兢兢，危機四伏，這也是人生有趣之處，充滿了挑戰。也因此，咱們必須不斷地進步成長，面對重重而來的考驗。

以感情來說，外遇也是這麼一回事。你不能因為做生意會賠就不做生意，也不可能因為人生會遭遇失敗，所以就乾脆不活了；既然選擇結婚，面臨外遇這樣的威脅自然是很正常的事情，不能因為這樣，就把它做為逃避結婚的藉口。

我們只需要去了解外遇是怎麼一回事，了解怎樣可以去避免這樣的事情。當你了解一件事情之後，對你來說它就不是可怕的威脅，或是永遠沒辦法解套的謎。既然知道這

後記　外遇，值得嗎？

條路有地雷，我們就應該找出方法去預防，看看怎樣可以不會踩到地雷。至於外遇，我們可以從人生經驗當中的了解與教育，去避免這樣的事情。

為什麼要談到這個主題？為什麼要寫這本書？就是藉由對外遇的探討跟了解，減少它對於我們生活中的威脅，把它發生的機率降到最低的程度。這是一個婚姻裡面無法避免的話題，不可能不去面對。

關於外遇，最後要討論的就是這三個字：值得嗎？

值不值的，是因人而異、見仁見智的。有人覺得心甘情願；有人覺得心力交瘁；有的人後悔無奈。人生沒有什麼對錯，擇你所愛、愛你所擇，但你一定要有擔當，要能夠為你的決定負責任。

既然你選擇了外遇，走到天涯海角都要背負這個罪過，一輩子賠不完又躲不掉。如果你真覺得值得，那也是你個人的看法。你還得問問看其他相關的人——你的配偶、孩子、雙方的父母，第三者，還有那些被拖累到的人，像是替你掩護的同事、朋友，或是你的鄰居等等，他們是不是也覺得「值得」？

人生永遠不是只有你自己的事情而已，所以你得要衡量一下。你要去想想這個決定的輕重，想想結果，想想後面的影響。這是一件非常簡單的事情，只是你要不要這麼理智而已。

如果你的人生只想要胡亂瞎搞，這也是一種選擇。只是到底值不值得？你得要權衡一下你得到什麼，要付出的代價又是什麼，還有那些被波及到的經濟損失，時間、體力、人情等等，才能算出來到底值不值得。

人生一定有更好玩的遊戲，一定有更具建設性的事情要做。像是建立成功的事業、甜蜜的愛情，美滿的婚姻生活、教育子女、實踐夢想等等。千萬，千萬不要去走這樣的路，這是我個人的看法。

如果你對性有特別的需求，很想嘗試外遇有什麼不同的感覺，這就跟吃一樣，好吃是一回事，可是也得顧及會不會吃壞肚子，會不會影響健康？吃太多，吃一些奇奇怪怪的東西，是不是真的比較爽？

人生應該走在正軌上，可以擁有真正的快樂，擁有甜蜜的生活，一切的幸福都可以去追求。你不需要去搞一些亂七八糟的事情，把自己搞得很疲憊，跟另一半吵吵鬧鬧甚至於打打殺殺的，人生不需要演這樣的八點檔。

如果你說：「我就是這麼好色，該怎麼辦？」

假設你沒吃眼前這道菜就活不下去，還要講什麼幸福跟快樂？對你來說，幸福快樂似乎都太遠了。

這些偏差錯亂的問題，是進步成長可以解決的事情。一個人心中不正常的渴望、奇怪的想法或是難言之隱，在進步成長的過程中，知識、修養、胸襟、智慧都會擴張，有很多東西可以學，有很多問題都會迎刃而解。

千萬不要走上歪軌，因為不值得去嘗試。至於堅持要外遇的人，我奉勸你一句話：夜路走多了總是會遇到鬼，人生不怕一萬，只怕萬一，別去冒這個險。

正軌就是好好的結婚，一生只愛一個人，努力忠於你的另一半，然後經營你的婚姻，在家裡談戀愛，生活可以非常美好。把你的時間跟精力用在創造生活的精彩，享受天倫之樂，這樣的人生才是腳踏實地的。

加油，希望天下的有心人，在婚後談一輩子甜蜜美麗的戀愛！

遊走刀鋒的外遇

讀者回函卡

對我們的建議：

郵票請帖於此，
謝謝！

台北郵局第118-332號信箱
P.O. BOX 118-332 Taipei
Taipei City 10599 Taiwan(R.O.C)

創意出版社　收

封 口

遊走刀鋒的外遇

讀者回函卡

謝謝您購買我們出版的書籍，請您抽空填寫這張讀者回函，並延虛線剪下、對摺黏好之後寄回，我們很重視您的寶貴意見，謝謝！

@基本資料

◎姓名：______________________________

◎性別：□男　□女

◎生日：西元 ________ 年 ______ 月 ______ 日

◎地址：______________________________

◎電話：__________ E-mail：__________________

◎學歷：□小學　□國中　□高中　□大專　□研究所（含以上）

◎職業：

□學生　□軍公教　□服務業　□金融業　□製造業

□資訊業　□傳播業　□農漁牧　□自由業　□家管

□其他______________________

◎您從何種方式得知本書？

□書店　□網路　□報紙　□雜誌　□廣播　□電視　□親友推薦

□其他

◎您喜歡閱讀哪些類別的書籍？

□商業財經　□自然科學　□歷史　□法律　□文學　□休閒旅遊

□小說　□人物傳記　□生活勵志　□其他

◎您對本書的意見：

內容：□滿意　□尚可　□應改進

編排：□滿意　□尚可　□應改進

文字：□滿意　□尚可　□應改進

封面：□滿意　□尚可　□應改進

印刷：□滿意　□尚可　□應改進

國家圖書館出版品預行編目(CIP)資料

遊走刀鋒的外遇 / 陳海倫作. – 初版. — 臺北市 ：
創意, 2012. 10（創意系列；19）
ISBN 978-986-87321-8-6(平裝)
1.外遇 2.婚姻 3.兩性關係

544.382 101019085

創意系列 | 19

遊走刀鋒的外遇

當愛情出了軌

作者 | 陳海倫
責任編輯 | 劉孝麒
美術編輯 | 王尹玲

出版 | 創意出版社
發行人 | 謝明勳
郵政信箱 | 台北郵局第118-332號信箱
P.O. BOX 118-332 Taipei
Taipei City 10599 Taiwan(R.O.C)

電話 | (02)8712-2800
傳真 | (02)8712-2808
E-mail | creativecreation@yahoo.com.tw
部落格 | first-creativecreation.blogspot.com
印刷 | 世和印製企業有限公司

定價 | 380元
2012年10月初版